纪录片《第三极》姊妹篇

极 地

22个平凡而温暖的西藏故事

五星传奇　赵　敢

编　著

五洲传播出版社

序言一

我是一个导演。

导演负责把故事讲好，不矫揉造作，不敷衍花时间花钱来捧你场的观众，尽自己全力没有保留。我觉得我做到了，虽有遗憾，但问心无愧，没放水。

影片拍完了，播出了，大家也都看到。

希望每一个人都像故事主角一样：谦卑、知足、快乐。

希望西藏永远都保持它的圣洁、美丽。因为它是永恒，我们都是过客。

希望释迦牟尼一直眷顾这片虔诚又单纯的土地。

希望自己来世无论是虫子、鸟儿、人，都还记得曾经有一个地方叫西藏，还能不远万里去找它。

导演　程工

序言二

西藏最迷人的地方，是生活在那里的人们看待生活和外界的方式。怎么看待山、看待树、看待对方。这一切恰巧我们身边都有。

这就是"极地"的意思。我们用二十多个故事，去讲人与"对方"的关系，充满温暖的、开阔的，因此也是幽默的关系。在这里面，"对方"是一双鞋、一座山、一匹马、一块石头、一袋盐、一幅唐卡、一个人。

所以放眼望去，离你最远的地方，是极地，离你最近的地方，也是极地。

以前经常担心，我们的生活是不是已经丢掉了那些美好的智慧、淳朴的传统，是不是走得太快了，需要停一停，看一看。现在又觉得，快有快的风景，慢有慢的乐趣，别被快慢困住，就挺好。

如果从西藏出发，我们已经身处远方。

是为《极地》。

策划　曾海若

坚 守

心 愿

信 念

| 在平措心中，画壁画是一生的修行，画壁画的人是幸福的人。

寺院壁画师平措扎西

亚东是西藏最南端的县，而亚东的噶举寺，是西藏最南端的一座古刹。2011 年 9 月 18 日的一场地震几乎震毁了整座寺院，历时 5 年的重建后，日喀则壁画师平措扎西带着他的 12 位徒弟来到这里，为重建后的寺院绘制壁画。

12 岁开始学习唐卡绘画的平措扎西，是勉唐藏画画派大师嘎青·阿顿最出色的徒弟。学成后的平措原本可以像其他画师一样专事唐卡绘制，这样可以赚到更多的钱，但他却把为寺庙绘制壁画作为自己毕生的事业。对于平措来说，能为寺院绘制壁画是无上的荣耀和修行。

白天，平措和徒弟要在寺院的墙壁上一笔一笔仔细地绘制壁画，晚上，平措还要召集大家一起背诵经文，并对白日里徒弟们在绘画过程中出现的失误、遇到的问题进行指正和训导。

平措经常告诫徒弟："我们为寺院画壁画，每天都是相同的，但每一笔都很重要。平时早晚必须背诵造像度量经，要把经文刻在心里，经文已经清晰地告诉我们，每一个细节的比例和绘画方法。这都是佛用自己的手指作比例量出来的，不能有一点差错。画壁画是一种修行，所以大家要用心。"

除此之外，平时的休息间隙，徒弟们还需要勤加练习。佛的衣带怎么画，胡须的粗细有什么规矩，这些都要按照经文一丝不苟地画出来。徒弟贡嘎拿着自己的绘画练习请平措指点。虽然，已经学习了 5 年的绘画，但贡嘎的作品依然存在一些问题，平措一点点细心地指正，并且亲自示范。

平措一直认为能画佛是一种福气，佛是被所有人磕头供奉的，是有生命的。"我们的壁画传承了千百年，在寺院的墙壁上或者唐卡上，所有细节必须严守仪轨。如果我们的画出现偏差就会误导他人，就会一直错下去，这是特别深重的罪孽。"平措虽然已经不是第一次跟弟子谈论一个壁画师工作的意义和守则，但他认为这是非常重要的，画壁画就是一种修行，认真仔细是修行的前提。就像盖房子一样，要有坚固的地基，一块砖一块砖地积累，虽然细小但很重要，一定要认真完成每个细节。

寺院朝北的一整面墙上需要绘制阿底峡尊者和八十位大圣的壁画，平措让弟子准备好绘前工作。

"把梯子轻轻地搬过来，颜料和工具都提前准备好。在佛堂里做事要轻一点。心里要默念仪轨，最主要的是整个画面的布局和比例。"在墙上定好每尊佛像的位置后，平措开始勾勒中间的阿底峡尊者，并时不时指导身边

| 对平措来说，能为寺院绘制壁画是无上的荣耀和修行

| 为寺院画壁画，每一笔都很重要

弟子："从墙的顶点开始量，与我这个点相隔八寸，用四指量，先定脸和脖子的比例，头部同样是八寸。好好想想经书里所写的。"平措低声地指挥着大家。

对弟子贡嘎绘制的小佛像轮廓，平措很不满意，亲自过来重新划定佛像五官的分布，让贡嘎重新再画。平措的要求是要把仪轨熟记于心，每一个细节再小都不能随意。

贡嘎不时地偷看老师的动作，看着老师熟练的笔画、精致的画面，羡慕不已。对于完成阿底峡尊者旁边小尺寸的佛像，贡嘎下笔依然有些迟疑。"认真画，不要东张西望。"平措严肃地提醒道。在平措看来，工作时专心致志是画好壁画的前提条件之一。

就这样，不断地擦掉、测量、重绘，再擦掉、测量、重绘，一天过去了。看着老师早已完成的阿底峡尊者，贡嘎内心挫败不已。自己的小佛像怎么画都不对。贡嘎问老师："老师，我学了5年但还是画不好，心里特别着急，怎样才能有一点进步？"

平措微笑着告诉贡嘎，仿佛也在和自己说话，学画是一个漫长的过程，过去的5年仅仅是一个开始。我的师父画了整整70年，他现在还在画，而且每天都还在学习。从在木板上画到在墙壁上画，再到开眼、铺金，整个过程都要经过反复练习。没有捷径可走，每一笔都是修行；每一次开眼都是诞生；每一次铺金都是光照。

这天，站在一面即将完成的壁画面前，贡嘎看着面前的佛像，有些陌生，便问老师这尊佛像的尊名。"他是白伞金刚，他能让我们尽量避免生活

佛的衣带怎么画，胡须的粗细有什么规矩，这些都要按照经文一丝不苟地画出来

平措的小徒弟贡嘎

┃ 画壁画是一种修行

中的灾难，也让我们面对灾难时更有力量。"平措想起了三年前跟他学习壁画的学生。地震时，有 3 名学生就在这面墙前工作，地震时被压在这面墙下。3 名学生的去世让平措一直无法平抚内心的痛苦，他觉得他们还跟他在一起绘画，他还在教他们如何画画，他们还在一起念经。5 年了，一切还是历历在目。平措在这面墙上绘制了一个白伞金刚，缓缓低语："贴金是最好的加持，让信奉的人们更有力量。"

平措把最后一片金箔贴到白伞金刚的脸上，仔细地铺平。凝望着佛像，平措眼睛渐渐地湿润了。

平措和徒弟们夜以继日，努力认真地工作，萨嘎达瓦节到来之前，他们终于完成了所有壁画的绘制工作。虽然，他们没有收取任何报酬，但平措觉得，能把最美的佛让更多的人看到，就是作为壁画师最大的幸福。

喇嘛们向所有画师献上了哈达，表达了他们衷心的感谢。

回到日喀则后，平措带着这次的壁画作品去见老师。每次把画好的壁画拍成照片打印出来，去接受老师的指点，是平措多年来保持的习惯。老师仔细地看过每一幅作品，对一些壁画细节上的错误都一一指正。他告诉平措，一个好的壁画师，除了牢记仪轨，学习藏民族的历史知识、了解传统也同样重要，否则就不可能把佛像画好。

在平措心里，自己所做的事情枯燥漫长而伟大。"我的老师一直告诫我，画壁画是一生的修行，不能三心二意。修行是没有人告诉你结果是什么样子的，因为你心中有佛，可以看到光，就这么一直走下去，你会不断地跟自己说：'我是一个幸福的人。'"

| 噶举寺

| 西藏壁画 |

源于洞穴壁画的西藏壁画几乎分布于藏区的所有建筑上，尤其是寺院殿堂的墙壁和走廊、天花板，体裁分为宗教画和世俗画两类。佛像的绘制需要遵循十分严格的佛法定规，历史和宗教故事则由连环画式的系列画面组成，也有反映征战、劳役和寺庙修建场内容的壁画。壁画采用的颜料与唐卡类似，在不透明的矿物质颜料中加入动物胶和牛胆汁，从而使画面色彩鲜艳，经久不褪。

公元14世纪前后，藏地迎来了藏传佛教寺庙的兴建和扩建，与此同时，壁画也被大规模地绘制。深受汉地和尼泊尔画影响的西藏壁画流派开始形成，门唐派、青孜派和噶赤派为西藏壁画的三大画派。门唐派画风严谨、色彩和谐，以绘制静相神佛见长，日喀则扎什伦布寺里就保存了大量门唐派创始人门拉顿珠的画作。青孜派由和门拉顿珠授业于同一位老师的青孜钦波开创。他的画作笔画遒劲，色彩浓烈，擅长于狰狞威猛的本尊护法。山南萨迦教派贡噶多占丹寺的壁画就是这一风格的代表作。噶赤派创始人是南噶扎西，他在熟练掌握唐派技法的同时，吸取了中原山水画派的特点，笔触细腻、画风清秀。昌都的类乌齐寺和强巴林寺壁画是这一画派的代表作。

| 大陌龙爷爷是老夏尼村最后的留守人

老夏尼村的留守人

喜马拉雅山脉以东、横断山脉以西的林区里，生活着一支人数极少的族群，他们没有文字、没有信仰，住木屋，刀耕火种。他们就是被当地人称作野人，甚至是猴子，至今仍然没有进入中国民族大家庭中的僜人。

现在，僜人聚居的夏尼村都搬到山下去了，住进了统一修建的安居房，告别了没有电的日子。但是，依然有一些老人不愿离开山林，不愿离开早已习惯的生活环境。80 岁的大陌龙爷爷和妻子中央就仍然住在山上的老夏尼村。

胡胡龙带着妻子和孩子回到老屋，希望能说服爷爷、奶奶搬到山下和他们同住。"下面有电，大家住在一起也有照应。我不希望像上次奶奶生病，很多天以后我们才知道。"爷爷已经八十多岁了，虽然还能上山砍柴，但胡胡龙觉得一家人应该住在一起。"离开这里，你想都不要想。房子是你爸爸修的，我不会离开的。住在这里，一直觉得他还在，他一定会回来的。"

几年前，胡胡龙的父亲发生一场意外，就是因为山高路远，得不到及时的抢救命丧深山，胡胡龙不希望这样的事情再次发生。但是爷爷告诉他："你爸爸除了修房子，还修了仓库，这房子就像我的儿子。"

爷爷抽着自己种的烟草，烟袋也是他用竹节做的，而且他也不觉得住在山里有什么不方便。

房顶上的木板有的已经腐烂了，雨天有些漏雨。胡胡龙不能说服爷爷搬到山下，所以，他想帮着爷爷把漏雨的地方修好。选了一个晴天，胡胡龙和哥哥跟着爷爷一起上山去砍树。山路崎岖，胡胡龙有些心疼爷爷，这么大年纪了，每次修房子的木料都是爷爷自己砍好搬下去的。一路上，他依然试图说服爷爷搬到山下："搬到新房子就不用砍木头修房子了。"

"胡说！"爷爷毫不留情地制止了他。

爷爷选好了一棵树，用刀砍伐着，伐木声响彻山谷。胡胡龙希望能帮到爷爷，他接过爷爷手中的斧头。"不要太快，每一下都要用力。不要像个女人，女人是没有力气干这样的活的。"在爷爷眼里，住到山下的孙子不仅很少穿僜人服装，连力气也变小了。

伐下来的树要分解成两臂长的木头，用这些木头替换屋顶上腐坏的那几根。但分解木头的工作，爷爷还是亲自上阵，不放心让胡胡龙做，他的确也做不了。

祖孙仨把新砍的木材扛回家，爷爷爬上屋顶，用新的木块换下了那些腐坏的，这样雨季来临时屋子就不会漏雨了。新换上去的木料在暗色的屋

| 妻子中央和大陌龙一直留守在老屋，因为房子是已去世的儿子为自己修建的

插秧节的泥巴大战

顶上显得尤其醒目，就像山下政府建的安居房，一片漂亮的蓝色屋顶在绿树掩映中静谧而又安详。

现在的僜人已经告别了刀耕火种，他们也学会了山下民族插秧播种的技术。每到插秧节，年轻人都会穿上僜人的服装唱着僜人的民歌。插秧开始后，灌水、翻地，年轻人排成一排将秧苗一个个插进水田。每一根秧苗都带着丰收的希望。休息的时候，胡胡龙看着旁边的伙伴，从水里抓起一把泥便砸到了他的身上，那个人随即也抓起一把泥扔了回去，却砸到了另一个人身上，于是一场泥巴大战开始了。

秧田里一片欢声笑语，每个人脸上都是灿烂的幸福笑容。每到这时候，大陌龙爷爷也会下山来，蹲在秧田边，抽着旱烟，看年轻人在田间地头劳作、嬉戏，就像看到了年轻时的自己。

说服不了爷爷搬离老屋，胡胡龙没有办法，只能给老屋运来了一台发电机，希望在每个夜晚，爷爷奶奶也能用上电灯，不用再摸黑了。

电灯终于照亮了夜晚的木屋。守着火塘的奶奶说："如果儿子也能看到电灯就好了。"

抽着旱烟的爷爷说："这灯就是儿子托孙子给我们装上的。"

黑夜来临的山林里，木屋里透出了温暖的橘色的灯光。

| 插秧节时，大陌龙爷爷会下山来，蹲在秧田边，抽着旱烟，看着年轻人劳作、嬉戏

| 僜人 |

在西藏察隅县海拔 1000 米的林区居住着仅有 1500 人（2012 年人口统计数据）的僜人，这是西藏人口最少的少数民族族群，由于人口极少等原因至今尚未确定民族归属，僜人与周边的少数民族在生活习俗、语言等方面都有明显的不同。

僜人体格多矮小、皮肤黝黑；有自己的语言，但没有文字；婚姻关系实行一夫多妻制；沿袭原始鬼神信仰和祭祀活动；银饰和手织布的筒裙是僜人妇女的着装，长耳环、护额、颈饰均为银制工艺品，而男性也以银耳环为主要配饰，当然还有配刀。

手抓饭是僜人招待客人的特色餐饮，食材都选自当地的新鲜时蔬，外加煮熟舂烂的家禽肉，餐具也取材于当地，十分有特色。

｜ 81 岁的赤来伦珠老人正在准备人生的第五次桑央节

桑央节最后的舞者

赤来伦珠老人已经参加过四次桑央节，一直都是仪式上谐钦的领舞，他曾经是桑央节上最受瞩目的骑手、英雄。如今像他这样经历过最传统桑央节的老人，大多已经过世，在世的也都进入垂暮之年。

山南之于西藏如同黄河长江之于中国，这里诞生了神猴与罗刹女的传说。不仅如此，这里拥有西藏的第一块农田、第一代赞普聂赤、第一座宫殿雍布拉康、第一座寺院桑耶寺、第一座佛堂昌珠寺、第一本经书邦贡恰加、第一部藏戏巴嘎布。所以，山南有着"西藏民族文化摇篮"的美誉，而山南的扎囊县每逢藏历新年都要举行盛大的祈福仪式。

藏历木猴年又至，藏族人认为羊年多天灾，因此在羊年之后的猴年要举行一次桑央节，以期望通过祭祀活动来消灾减难。这时正值大地回春、花红柳绿。扎囊县的扎唐村有一支村民自发组成的舞蹈队，为了能在今年的桑央节上有个好的表现，他们正在努力练习。舞蹈队的扎西曾经跟随村里的老人赤来伦珠学习过舞蹈。

　　桑央节就快到了，村里的舞蹈队水平参差不齐，为此扎西很着急，专门去赤来伦珠老人家，希望能得到更多的指导，让舞蹈队表现得更好，更好地恢复和发扬桑央节的传统。听了扎西的焦虑，赤来伦珠感叹："以前的桑央节有特别丰富的内容，后来慢慢地变成一过年就去朗玛厅（歌舞厅），节日的传统也消失了。现在老的和小的都互相听不懂对方在说什么，我也老得快走不动了，早上吃羊肉，吃着吃着就犯困。但是，我不希望传统在我们这一辈手上丢了，我死了什么也带不走，特别想把我知道的教给你们年轻人。以前的歌词都特别美好，都是讲佛祖的故事，现在的歌词跟说白话一样，只有懂得历史和传统才能写出可以流传的歌曲。桑央节的文化非常丰厚，主要是为了祈求来年风调雨顺，祈求丰收，不要让这个村子失去神的护佑。我希望你们比以前做得更隆重。"

　　为了桑央节上的舞蹈，赤来伦珠老人决定亲自上阵，教年轻人在桑央节上要跳的舞蹈。"时代不同了，节奏也要加快，这样跳起来也更漂亮，我们是为丰收而舞蹈，所以要用心，不只是做做样子。"村里的男女年轻排成两排，跟着赤来伦珠学习跳舞，老人的一招一式都很稳健而又有力量。

　　　　"在一个吉祥的山谷上，

　　　　　要搭建一座金塔，

| 山南的扎囊县物产丰富，人们世代过着农耕生活

有福气的人来供全。

多吉的铃铛，丁零丁零响，

松杰的铃铛，丁零丁零响，

吉祥七门好看吗？好看！

吉祥的舞好看吗？好看！

锅庄舞好看吗？好看！

吉祥天女来保佑，吉祥天女来保佑！"

赤来伦珠带着年轻人又唱又跳，年轻人都由衷地称赞这位年迈舞者帅气的舞姿。

即将到来的桑央节，村里年轻人组成的舞蹈队，为节日准备的舞蹈勾起了赤来伦珠老人的万千心绪，想起曾经和伙伴们朝气蓬勃地参加桑央节的情景，老人感慨万分。赤来伦珠决定穿戴整齐出门，去找一位老伙伴——78 岁的次旦老人，当年他们一起在桑央节上做骑士，一起跳舞、唱歌，赤来伦珠希望这位同龄的老伙伴跟他一起参加这一年的桑央节，给年轻人多一些学习的机会。因为，对他们而言，这可能真的是最后一届桑央节了。

两人走在村子边的沙地上回忆往事。"这一开发，沙子是越来越多，永远也变不成耕地了。哎！不过现在的人都不爱种田了。"

老伙伴走路已经有些蹒跚，听了赤来伦珠的提议感叹道，"一个桑央节又一个桑央节，日子过得真快。上一个桑央节，我还能跑，还能撑起漂亮的衣服，不过，现在过节没有那么多讲究，只剩下在房子里喝酒了。"

听了老伙伴的感慨，赤来伦珠鼓励地说："你再不去跳舞，以后更没有

| 山南风景如画

人会跳，传统如果在我们这一代人手上丢了，多伤心。所以我们用最后一点力气帮助年轻人，希望你跟我一起参加今年的桑央节吧。"

"想都别想，我去不了了。唱还能唱两句，但走路、上厕所都成问题，我是心有余而力不足。"老伙伴回绝了赤来伦珠的提议。

"那我替你去，替你好好看看，把灵气替你带回来。"

桑央节到来，赤来伦珠带着自己织的假发，盛装出席了这一届的桑央节，带着年轻人跳舞唱歌，用最传统的方式迎来了又一个桑央节。

"老骨头都跳散架了，比不了从前。那时候，桑央节前的三天，我就激动得睡不着，骑手要给马编好看的花环，又担心没有准备好。那时候，我的腿脚都很灵活，赛马、跳舞、走路都没有问题。"老人感慨地说，但脸上却是由衷的快乐和幸福。

第二天，凌晨 5 点所有人都盛装在桑耶寺门口集合，每个人都背着一卷昨天在寺里领到的经书，他们排着长长的队伍开始隆重的转地仪式。黄色幡帐和五彩经幡下的喇嘛在队伍的最前面，然后是穿着古装的青年男女组成的仪仗队，男青年穿战袍、持弓箭、挂长刀，女青年服饰艳丽、背负经书，再然后鼓乐手，最后是身背经书手摇长寿旗的百姓，队伍绵延 1 公里。长达 20 多公里的转地活动，人们围绕土地一圈，诵经念佛，祈求来年的好光景。

赤来伦珠和年轻人说："桑央节十二年才有一次，所有的神猴都聚在猴年。只有猴年才有桑央节。猴年前面是羊年。羊年不好，以前有瘟疫跟传染病。到过节那一天，大家都背着经书，摇着长寿旗，围着整个村庄转二十几公里。

| 桑央节的舞蹈是为丰收而跳的

| 桑央节会把所有的灵气都招来, 灵气会传到每家每户

桑央节会把所有的灵气都招来，灵气会传到每家每户。传统是特别重要的。其实都是为了躲避灾难、疾病，能不能招财其实不重要，重要的是大家身体都特别健康。当年，二十四个节气里有对应的二十四首歌，以前的歌里没有金银财宝，都是避免灾难，教人善良，不做恶人。青稞的生命、牛的生命和人的生命一样重要，就是求所有的生命都吉祥。"

赤来伦珠是转地队伍中最年长的，村里许多像他这样年纪的老人，连地都下不了。然而，毕竟年纪大了，体力不能和年轻人相比，慢慢地，赤来伦珠还是被越来越远地抛在后面。看着远去的队伍，赤来伦珠不免有些失落："以前身体特别好，赛马、跳舞、转地，再远再久都没有问题，人人都羡慕我的好身体。"

然而，对于现在的生活，赤来伦珠却是一脸满足。也许身体已逐渐衰老，不能再像当年那样骑马、跳舞，但是比起那些已经离世，或者走路都困难的老伙伴来说，还能来参加桑央节，赤来伦珠已经很开心了。

"我这一辈子没有什么不满足的，如果能活到参加下一个桑央节当然好，但是，再活一两年也是可以了。"赤来伦珠笑着说。

| 桑央节舞蹈队的扎西

| 桑央节 |

　　十二年一度的桑央节是藏南地区的重大节日，通常在藏历猴年春播前与秋收后，当地藏民就会自发举行为期三天的庆祝活动。桑央节的来历与藏族认为自己的祖先是神猴有关，关于神猴的传说就起源于藏南地区。庆祝活动包括祭祀天地、祖先、神灵和庆祝丰收。活动期间全村男女老幼都要出动，围绕土地行走一圈，这是活动第一天的"转地活动"。人们背负寺院里请出来的经书并颂经念佛，兆示好年景的来临，之后的两天，以赛马、跳舞、唱歌，联谊交流为主。

　　"转地活动"中有一支两百多人组成的仪仗队，数名喇嘛为首，举黄色幡帐和五彩经幡，然后紧跟着身着古装的青壮年男女仪仗队，男的着战袍、持弓箭、配长刀，女的穿艳丽服饰、背经书，然后是鼓乐手和参加活动的村民队伍，场面壮观又喜庆。赛马活动则是青年男子展示才能的舞台，以夺得冠军而荣耀。

赛马节上的磁石弹舞

赛马节上的磁石弹舞

西藏的阿里是一个高海拔地区，而位于阿里东南的措勤县则是一个海拔 4700 米的县城，"措勤"在藏语里的意思是"大湖"。措勤县境内湖泊众多，其中扎日南木错就是离县城不过十多公里的一个大咸水湖，"措勤"一名也是由此而来。

赛马节前，一对中年夫妻来到扎日南木错边拍婚纱照，中年男人西装革履，稍显发福的身体依然能看出藏族人强健的体魄，尤其是他那张黝黑的脸更有着典型的藏族人的英气。他有一个特别的名字——解放。其实，他的藏族名叫尕玛群培，3 岁那年的肺结核病差点夺去他的生命，幸得在措勤巡诊的内地解放军相救，小尕玛活了下来。于是父母给他改名解放，让他永远记得这救命之恩。

相伴 13 年的妻子曲珍，一直有个拍婚纱照的梦想。赛马节前，他们终于有时间到湖边拍一组婚纱照了。穿着白色婚纱的曲珍还是那么动人，而爱唱爱跳，平时还自编自导自演小品的解放，连拍婚纱照时都不安分，两人时常笑到出戏，让摄影师没法拍照。

解放 10 岁那年得到了一把吉他，从那时起，他就表现出浓厚的艺术兴趣和天赋，唱歌、跳舞、演小品，现在他已经是措勤县民间艺术团的团长，这支县里唯一的文艺队伍，让他觉得自己终于可以全身心地投入艺术中去了。

民间艺术团将在赛马节上演出传统的磁石弹舞，这种舞蹈在过去是专供贵族观看的，男舞者的头戴狐狸帽，女舞者用珊瑚眼、绿松石装饰，舞步奔放、热情、张扬。因为舞蹈出自磁石乡，而且强调脚步的弹力而得名。

磁石弹舞因动作优美、华丽、欢快，跳舞过程中男女搭配，舞动多样的整体风格，视觉上给人以一种"弹簧式"的感觉而得名，距今已有 300 多年的历史，是从古格王朝到至今，在措勤县磁石乡的当地牧民群众中慢慢形成的歌舞结合的锅庄。在解放西藏之前，磁石弹舞主要以男女之间的爱情或相互认识为主。牧民们白天各自在放牧，晚上几公里以内的牧民们相聚在一起跳个舞蹈，谈情说爱。磁石弹舞舞动的感觉让人们在视觉上感觉舞者是在弹簧板的舞台上跳舞。

磁石弹舞是解放一次下乡演出时发现的，他们夫妻决定将这种传统舞蹈加以恢复和改良，跳出磁石乡，跳到更广大的舞台上。

可是，舞蹈团的排练不尽如人意，男女青年因为缺少对传统文化的理解，

| 艺术团在湖边苦练磁石弹舞

| 磁石弹舞欢快华丽，视觉上给人一种"弹簧式"的感觉

动作和情绪总是不能达到夫妻二人的要求。尽管如此，曲珍还是不厌其烦地反复纠正、反复示范，赛马节上的演出对于他们，对于整个艺术团来说都是一次重要的亮相。

为了让艺术团的磁石弹舞更完美，赛马节前解放和曲珍专门驱车去磁石乡采风，这次目标很明确，就是要找到那位会唱会跳的卓多，当地人喜欢称他为"会跳舞的胖子卓多"。之前为了学习磁石弹舞，解放不止一次去过磁石乡，跟卓多也十分熟稔。但这次不巧，卓多出门在外，幸好开车不算太远。解放和曲珍决定去找卓多。

两人见面，行了碰头礼，解放还送上了一份小礼物——一张释迦牟尼图片，这是卓多一直想要的，这样他可以随时带在身边。

"风是从北边吹来的，天上的云是一张善变的脸，我们献上洁白的哈达。像白云一样洁白的哈达，白云下是虔诚的朝圣者，最好的檀香随风献给白云。"卓多除了会跳舞，还有一肚子的民歌。"这一带的民歌每一段都是三句，讲的都是故事，每年赛马节是一年刚刚的开始，赛马节上我们都是唱这样的歌，这是唱给风和云的歌。"

解放和曲珍很珍惜每次采风的机会，他们跟着卓多一遍又一遍的学习传统舞步，脚步如何迈，在什么时候转身，手势如何配合，他们都非常认真地模仿、学习。每次，解放和曲珍都觉得有不少的收获。藏族的歌舞宝库实在丰厚，不断向传统学习和汲取营养是他们一直在努力的方向。

演出的前一天，解放建议把演员拉到湖边排练，让他们提前体验现场演出的环境。男女演员都盛装演出，曲珍欣慰地看到大家舞蹈的进步，但当过兵的解放却有更严格的要求。他发现一位女演员没有按要求穿上跳舞专用的靴子，她解释说因为靴子的拉链坏了。"这就像军人上战场带枪了，但没有带子弹。"解放一脸严肃，把演员们都震住了，完全不似平时跟大家嘻嘻哈哈打成一片的解放团长。"跳舞时一定要情绪饱满，热情起来。"他最后叮嘱道。

赛马节终于到了。牧场上远近的牧民都赶来了，大家都穿上了传统的服装，节目一个一个地进行着。民间艺术团的磁石弹舞是压轴节目，解放和曲珍看上去比演员们都要紧张。音乐响起，舞步飞扬，演员们忘情地跳着，解放和曲珍站在一旁，目不转睛地盯着舞蹈队。"对，就这样，很有劲。注意保持队形。"经过改编的舞蹈虽然节奏更快，难度也更大，但是演员们还是非常出色地完成了这次演出，欢快跳动的舞步，带着满满的青春活力，洋溢着欢乐的气息。

演出圆满结束，观众们给予了热烈的掌声，还为解放和曲珍献上了洁白的哈达。解放和曲珍一直悬着的心终于放了下来，这么久以来的辛苦总算没有白费。

| 上色是面具制作中最重要的一道工序

制作萨迦面具的手艺人

　　藏戏、羌姆舞或者是寺院里举行的法事跳神中，面具都是一种不可或缺的元素，它们造型比例夸张、色彩醒目，甚至都有着非常繁复的装饰。它们或者是某个著名的历史人物，或者是神话里的动物、某位神灵，除了造型变化，色彩也是区别角色的一个重要因素。比如国王是红色，大臣只能是淡一些的红色，半黑半白的便是那些两面派。蓝、绿是藏族文化中代表美好和吉祥的颜色，当然要分配给勇士和王妃。

　　六月的萨迦寺已经开始准备冬季法会的用品了。藏历十一月二十三到二十九举行的冬季大黑天法会是萨迦寺最隆重的传统法会。大黑天法会由萨迦大成就者贡噶仁钦大师首创，至今已经传承了近千年。在千余年的历史进程中，萨迦大黑天法会始终遵循祖师制定的仪轨，从法会流程、诵持经文，到服饰、面具、法器、舞步等，一切都保持着千余年来的法脉传承和古老风貌。

大法会期间，萨迦寺的僧众与万余名信众会按照传统仪轨在护法神殿迎请 11 尊护法神像，并在寺院广场表演巨型大黑天面具舞。为此，寺里的喇嘛找来了会做大面具的扎西，他是远近闻名的面具制作艺人。从 12 岁跟着父亲学做面具开始，扎西已经整整做了近 40 年。只是，当年父辈们制作的面具更多的供应给寺庙，内容也多是藏传佛教的。而扎西现在制作的面具内容涉及很广，外形、大小、材质上也都有改进。以"长寿老爷"为例，传统制作都是在泥塑上进行着色即可，而扎西在原有着色基础上，将"长寿老爷"画上去的胡须改为牦牛尾巴的材质，牙齿则使用了山羊骨，如此看上去，面具更加活灵活现。现在扎西一家主要收入来源就是通过制作萨迦面具，每年的固定收入就有 4 万多元。

扎西接到萨迦寺的邀请，详细询问了面具的种类、大小。因为六月雨水较多，所以，制作面具需要的时间便会比平时久一些，至少 20 天左右。

制作面具第一道工序便是找土，找到适合制作面具的黏土是面具保存时间长短的关键因素之一。上山采集黏土便是扎西首先要完成的，然后，筛土、和泥、制作模子。扎西的妻子一直都是这些工序制作中最好的帮手。

扎西在院子里席地而坐，他完全不用对照唐卡里的形象来制模子，所有的形象都印在他的脑海里。在他的堆叠下，模子一点点地显现出来。接下来的熬胶、粘布也很关键，胶是由牦牛皮和防腐藏药熬制而成的，这样胶不仅是粘布的用具，还能起到面具防腐作用。这种贴布脱胎面具在牧区

| 扎西在院子里做面具模子

| 扎西席地而坐，他完全不用对照唐卡里的形象来制作，所有的形象都在他的脑海里

都是用旧帐篷布做的，这样制作的面具最长的能保存 300 年。扎西用的是普通的布片，但前后粘了三层。

模具做好后，需要很长的时间晾干。然而，6 月的萨迦已经到了雨季，每天的日照很短。雨水增加了空气湿度，不便于模具干燥。为了不耽误工期，扎西特地去超市买了一个暖风机，这样就可以让暖风机给模具加热。黑夜里，暖暖的灯光印照着巨大的模具，也照着扎西那张典型的藏族人黢黑的脸。

等待胶布面具风干的过程中，扎西开始在厨房里熬胶。等模具硬度足够了，扎西开始给它刷胶、粘布，一共要粘 6 层，一层白一层红，这样容易计数。在等待胶布层干的同时，扎西又在准备面具上所需的一些小零件——头发、簪子，这些小零碎会让面具更加丰富和丰满。面具彻底干透了，在妻子的协助下，扎西开始脱模工作，其实就是把模具上多余的黏土清除掉，这样就成了一张粘着胶布的面具，其重量也能被表演者所承受。上颜色是制作面具的最重要的一道工序，一点点地描摹，色彩、纹样都让面具呈现出夸张、醒目的面目。提前完成的头发、簪子这些小零碎也被安装到它们应该出现的位置，一个萨迦面具制作完成了。

借着夜晚的月亮，扎西仔细地端详着这个出自他手的作品，满意地笑了。

清晨，扎西带着他的面具走出家门，向萨迦寺的方向走去。

┃ 清晨，扎西带着制作好的面具走向萨迦寺

┃ 萨迦面具 ┃

　　面具是派生于民间原始祭祀和图腾崇拜，在不断的运用和实践中逐渐形成为一种独特的宗教艺术工艺品，在西藏的不同表演中都有运用，包括宗教祭祀、戏曲表演、民间娱乐表演等，按不同的用途分为宗教面具、藏戏面具和民间歌舞说唱面具。

　　萨迦面具是在萨迦派宗教仪式的跳神表演时所戴的面具，也运用于藏戏表演，因为自成体系而成为西藏面具中的独特门类，"热盾木芭"是萨迦面具的专称，意思是胶布面具。

　　制作萨迦面具是以黏土塑制胎模，然后再用布料制作面具的白坯，开坯、粗开面、着色，直到开光，有着一套非常繁杂而又精细的工艺流程。而且，相较于绘画、雕塑，面具因为有着更强的宗教意蕴，所以有着更加严格的制作规范。萨迦面具造型形象大致有4种脸型：蛋卵形、芝麻形、方形和球形，而相貌分为九态，即：优美相、英武相、不净相、笑相、凶猛相、可怖相、慈悲相、傲慢相和寂静相。面部五官之间的比例关系和尺寸均按佛教造像度量有关规范中所载的"麦、足、指、拃、肘、寻"六种度量，艺人在制作时不得逾越。

　　萨迦面具以宗教面具为主，羌姆面具、藏戏面具、民间歌舞面具几乎涵盖了萨迦面具艺术的特色。本尊、护法神、伴属神则是羌姆面具中的重要形象。

| 一把木锁一个样子，上面有父辈留下的记忆，也有藏族人世代的信息

八盖乡最后的制锁人

　　江安家世代都生活在日卡村，这里是八盖乡地处最高的村庄，像许多藏地的村庄一样，背靠雪山，因为交通不便很少与外界接触，即便是这个公路、电网都通到县里的时代。

　　易贡藏布源自念青唐古拉山脉，它从海拔 6000 多米的源头出发，借着强大的势能，一路咆哮着在地壳上划出一条巨大的沟壑，形成了崎岖陡峭的地貌，而江两边的高地平台被人们利用，逐渐形成了一个个的村庄。日卡村是八盖乡地理位置最高的村庄，"日卡"在藏语里便是"山顶"的意思。

　　村子旁边的一个山头上，建有一些木屋，这里存放着各家各户的生活必需品、粮食和贵重物品，一是便于牧民轮流督查管理，更易防盗，再者，一旦有人家失火，也不会倾家荡产。

这些木屋上的木锁已经用了几代人了，是由村里的老一辈亲自制作的，十分坚固耐用。如今这些经过了无数风雨春秋的木锁已经开始腐坏，村长伦珠担心木屋的安全，便和村里几位年长的村民商量换锁的事。虽然每把锁都是村民的记忆，是对逝去长辈的怀念，也是对一种生活方式的怀念，但是腐坏的目所已经不能用了，急需更换。

晚上，火炉边，伦珠和村里的几位长老商谈木屋的安全隐患。其中一位也是伦珠的父亲。如今会制做木锁的人只有伦珠的父亲江安了。江安以牛为伴，每天赶着牛上山吃草，晚上自己打酥油吃糌粑，他醉心的事就是他的三头母牛都要产小牛了。

大家一致认为，村里的木锁坏了，如果不更换新的木锁就只能换成防盗门，否则东西就会丢光。但没有人希望换成防盗门，他们不喜欢防盗门，也习惯了使用祖辈传下来的木锁。他们希望江安能帮大家制作新的木锁。

江安拒绝了大家的邀请："制锁是英雄才能干的，我只是个放牛的。放牛的干不了英雄干的事。"

大家都一脸愁容地看着他，村里的人不仅都习惯用木锁，而且防盗门要花很多的钱，许多人家没有多余的钱来换防盗门。

"我只是见过阿爸做锁，我自己没有完整地做过。而且，阿爸去世后，我在喇嘛面前发过誓，永远都不再打铁。锁是木头的，但钥匙是铁的。"江安有些为难地说出他不能做锁的另一个原因。

沉默了一阵，有人开口说，"木锁是爷爷留下来的，我们也舍不得，但坏了只能换掉。不过钥匙是铁的，还可以用，所以，你只要做锁不用做钥匙，

| 日卡村是八盖乡地理位置最高的村庄

| 村里如今会制做木锁的人只有伦珠的父亲江安了

| 挑了个晴朗的日子，江安上山找适合做木锁的木头

| 江安在家走心做木锁

这样就不用打铁了。"做锁原本就是为大家服务，更何况不打铁做钥匙，喇嘛自然不会怪罪。

江安终于同意做锁，大家都笑了。伦珠挨家挨户找来村里坏掉的木锁，一共五把。听说村里统一免费换木锁，大家都很高兴。

"上山砍木头去喽。"江安挑了个晴朗的日子独自上山找适合做木锁的木头。那种直径 25 厘米左右的、长得笔直的白桦木才是江安需要的。江安把砍好的木头运回了家里，这些天他没有时间照顾他的牛群，伦珠来替他上山打草喂牛，让父亲能专心地研究木锁的制作。"当当当"的凿木头声音连日云绕在村庄静谧的上空，江安一心想让大家早点换上新的木锁。

五把木锁做好后，江安一家一家地换掉了旧木锁。"换掉的都是阿爸亲手做的锁，锁老了，我也像锁一样该换了。"江安自言自语道。他把旧锁收集起来带回家，那是阿爸留给村子里的安全与保障，如今是他对阿爸所有的想念。

一把木锁一个样，上面有父辈留下的记忆，也有藏族人世代的信息。

为村子换了新的木锁，江安的母牛也生下了小牛，江安特别高兴，禁不住亲了小牛一口，刚刚会站起来的黑色小牛背上有一道白色的皮毛，抱着萌萌的小牛，江安开心地说："你好可爱啊！"

清晨的村庄在山间白色的云雾中安详而又静谧，江安吃过了糌粑酥油，又赶着他的牛群上山了。

| 抱着萌萌的小牛，江安和儿子、孙子开怀大笑

阿尼占堆是有名的说婚人，而现在这样的说婚人很难找到了

最后的说婚人

阿尼占堆家世世代代生活在一个叫醇仓的小村子里，山的那边就是美丽神圣的纳木错。阿尼如今已经70多了，曾经是远近闻名的说婚人。他有一肚子的传说和故事，只能唱给小孙女听。

"以前这世间，什么都没有，

忽然四面八方刮起了大风，

风带来了水滴，形成了云，

云朵变成了金子，然后变成七座金山。

有云朵才有了须弥山，

就这样开始形成的宇宙。

这个世界最初没有人，

人的爸爸是个猴，妈妈是罗刹女。

生了三个兄弟，

第一个孩子是熊。

最小的孩子没拦住掉进地洞里，

就是现在的旱獭。

第二个孩子最傻，就是我们人类。

我们就这样出现了，

祖祖辈辈靠牛羊来维持生活。

世世代代延续至今。"

没事的时候，阿尼占堆会和孙女两人坐在家门口看着远处的雪山连绵不绝，湖水绿如碧玉，把自己知道的故事都唱给孙女听，让她了解更多的藏族历史。

阿尼以前是远近闻名的说婚人，有婚礼的地方都有他在说婚，他不仅带来吉祥和祝福，也带去了那些代代相传的历史故事。如今，人们都不再需要说婚人，阿尼也就无用武之地了。

那天，阿尼正在给孙女说故事，孙女指着远处说："阿尼，那边有人来。"

阿尼也看见了，远处有两个骑着摩托车的人正在朝他们过来。吉祥的风吹来了吉祥的客人，阿尼把客人让进屋，在火塘边请他们喝热乎乎的酥油茶。

中年的客人说，他是专程来请阿尼去说婚的。藏历新年，他儿子就要

| 没事的时候，阿尼占堆会把自己知道的故事都唱给孙女听

和加荣家族的罗布江村结婚，那将是一场盛大的婚礼，希望占堆能去说婚，为婚礼增添气氛。因为他们听说，阿尼占堆是有名的说婚人，而现在这样的说婚人很难找到了。

阿尼笑了，他没了牙的瘪嘴和满脸的皱纹都充满了喜悦。"你们来找我，就是瞧得起我，所以我一定会去。但是千万不要用车来接我，我自己骑着马去，说婚人没有不自己骑马去的。马的味道比车的味道更能给婚礼带来福气。我会唱得十面八方的神仙都高兴，唱得你们大家都有福气。"

接受了说婚的邀请后，阿尼每天都去湖边对着连绵的雪山唱歌。"神圣美丽的纳木错啊，圣洁的纳木错被严寒冻结，被严寒冻结的湖面，太阳升起金色的光芒，洒在冰冷的湖面，温暖湖水也温暖我们的生活。"

阿尼的声音有些苍老，但充满了激情，他要把最好的歌声献给那场盛大的婚礼。

藏历一月十四那天，阿尼换上盛装独自骑马去参加那场婚礼，他告诉为他送别的儿孙，让他们放心自己，"阿尼要去做最棒的工作，魔鬼都会害怕我。"

七十不留餐，八十不留宿。按照汉族的说法，七十岁的阿尼独自出远门的确有些令人不安，但阿尼神采奕奕地穿过冬天的草地，来到了婚礼的现场。

听说最好的说婚人要来助兴，全村人都盼着早点见到他。阿尼还没下马，说婚就开始了，他祝福了所有的人，把吉祥和喜悦的歌声带给他们。

"看到黑帐篷时候，唱一首最美的歌。

| 换上盛装的阿尼独自骑马参加婚礼

顺时针绕三圈，会遇到吉祥的女神，

女神张开翅膀，保护所有的人，

让魔鬼无法靠近，打着滚儿就跑了。

清晨，这里的男人像老虎一样威猛，

他可以放一千匹骏马，牧场的名字叫莲花。

美丽的姑娘来敬酒，喝下一百杯都不会醉。

从太阳升起来一直喝到太阳落下去，

喝得帐篷外十八阵风飞沙走石，

夜里和星星月亮一起唱歌跳舞。"

新人家也以最高的礼遇接待了阿尼，以最尊贵的客人的礼遇接待他。

"敬三宝，敬日月，敬星辰。

把这杯甘甜的青稞酒，滴一滴在骏马的脸上，

马头指的方向都是吉祥的。

把这杯甘甜的青稞酒，在马肚子上滴上两滴，

马肚子经过哪里，哪里都开满鲜花。

把这杯甘甜的青稞酒，在马腿上滴上三滴，

希望马腿可以驱散地魔。

阿尼接过美酒，唱了祝福的歌。

藏式的家门是白海螺壳做的，

进门之前要献上最洁白的哈达。

| 刚进村，阿尼还没下马，说婚就开始了。

白色是西边飘来的祥云，

绝色是佛背后的火焰，

蓝色是十方神仙居住的天空，

绿色是养育我们的湖泊，

黄色是自然赐予我们的土地，

我带来五种颜色的幸福给每个人，

上天也把吉祥带进这所房子。"

阿尼进门前掏出一条五色的经幡挂在门口，边挂边唱着祝福的歌。村里已经很久没有见过这样的说婚人，大家都围观着，有人还拿出手机来拍照。连在屋里准备换盛装的新娘都有些迫不及待地出来见这位说婚人。女方家一早起来便做好了各种准备，看到占堆带着新郎和扎西过来，三位敬酒姑娘和牵马人迎上前去，占堆老人开始说唱起关于土地、风、天空以及五大洲的形成。

随后，敬酒姑娘以对歌（一问一答）的方式难为占堆老人，经验丰富的占堆应对自如。随后，占堆下马，对院子里摆放的水和牛粪开始唱赞美词，之后进门以说唱的形式夸赞女主人、佛龛以及呈上的牛肉，所有牧民生活细节都在占堆老人的唱词中得到升华，这些唱词承载着的牧区生活文化一代代传承了几百年。

一对新人当然是今天的主角，阿尼进屋后，给屋里的每一个角落都敬献了哈达后，开始为新人唱最吉祥的祝福歌。

| 阿尼的家乡

"白海螺带来佛的声音，

一颗红珊瑚象征着幸福与永恒，

一根漂亮的线系上白海螺和红珊瑚，

白海螺在左侧，红珊瑚在右侧，

佛的声音永恒地保护着你们，

像阳光一样温暖着你们，

像父母一样爱护着你们，

就像月亮跟太阳永远在一起，

把最珍贵的礼物系在辫子上，

一生一世都在一起。

你就是他，他就是你，

牧场里的牛羊会越来越多，

院子里的孩子会越来越高兴。"

　　歌声在大家齐声喊出的"吉祥如意"声中结束，而新人也开始接受大家献上的祝福和哈达，白色的哈达几乎淹没了两个新人，祝福也像哈达一样绵延不绝。

　　婚礼终于进入喝酒吃肉的环节，阿尼也有些累了。"终于可以吃肉了。"他笑着坐下来休息，拿起一块肉送到了没牙的嘴里。夜幕临近，大家仍在高呼着吉祥互相敬酒，占堆老人渐渐露出疲态，慢慢睡着了。旁边的主人叫醒了老人，因为需要再唱今天最后一首歌，大家才可以去休息。此时老人声音已经嘶哑，但依旧卖力地唱着：

| 阿尼占堆一家人

"向你们致敬。

你有如吉祥的保护宝伞的头部，

有如吉祥的珍贵金鱼的眼睛，

有如吉祥的镶满宝石宝瓶的颈部，

有如吉祥的盛开的莲花叶子的舌头，

有如吉祥的右旋的达摩白海螺的语言，

有如吉祥的光芒四射的吉祥结的思想，

有如吉祥的珍贵珠宝的双手，

有如吉祥的不可战胜的圣幢的身体，

双脚下蹬着启迪智慧的法轮

愿八吉祥物为我们带来从天而降的吉祥之雨。

愿这里从此充满幸福，吉祥如意！"

从加荣家的婚礼回来，阿尼一直在想一件事，他老了，他希望有个会写字的人，把他心里的这些歌都记下来，让以后的人也会唱。他找了村子里的很多人家，但都没有会写字的。

有一天，阿尼找到了一个会写字的人，他说出了自己的愿望，会写字的中年人愿意为阿尼写下他心中的歌词，因为他知道，阿尼是最后的说婚人。

老人一句句唱着，中年人一句句仔仔细细地写着。每个字都是这位老人尽全力想留在世上的东西。

纳木错边，老人再一次唱起了歌，唱起了关于世界和自然的古老的秘密。

| 纳木错边，最后的说婚人唱出了自己的故事

刚刚 10 岁的刚吉告诉爷爷次仁："我也想去见盐湖女神。"

那曲的驮盐人

二十多年前，次仁旺清在雅根错采盐时，湖中飘来一把铲盐板，他坚信那是盐湖女神赐予他的。一直对盐湖怀着深深感情的他，教孙子刚吉唱驮盐歌，刚吉便缠着阿尼带他去驮盐。

油盐柴米是日常生活中最不可或缺的，生活在高寒地区的藏族人更加离不开盐，不仅人离不开，连牦牛一类承担着家庭部分重体力劳动的家畜也一样。但现在生活好了，交通也方便了，自己到盐湖采盐驮盐这种艰苦的劳动，人们越来越不愿意做了。

年过六旬的次仁旺清是那曲安多县扎仁镇的牧民，他告诉自己的孙子刚吉，驮盐是件很辛苦的工作，路途遥远，会遇到风雪，还有狼和熊这样的野兽要防范。刚吉还是希望阿尼能带着他去驮盐，次仁问刚吉为什么想去驮盐。

刚刚十岁的刚吉回答，"我也想去见盐湖女神。"

次仁笑了，他决定让这个勇敢的男孩经过一次真正的驮盐之旅，让他成长为一个真正的男子汉。虽然，按照传统，只有十四五岁的男孩才能参加驮盐。

"你要听我的话，我让你做什么就做什么，不让做的坚决不能做。"这是他给刚吉立下的规矩。驮盐这个在藏区有着几百年传统的工作，本来也是有严格规矩和纪律的，因为这是驮盐队安全的保障。

新的驮盐队组成了，由次仁旺青和老伙伴石多负责。

"自古以来，驮盐队就不可以在盐湖女神面前犯错，或者不敬。次仁严肃地说，"不守规矩就是对盐湖女神的大不敬，这样我们就得不到纯净的盐。"

第一天上路没多久，刚吉就忍不住问："我们还要走多远？"他不是走不动了，而是迫不及待地想见到盐湖女神，而阿尼永远只有一个回答："跟着走。"

跟着走的，除了刚吉和其他的驮盐队员，还有几十头牦牛，它们是高原上最能吃苦耐劳的运输队。晚上，他们歇在一个平地上，搭帐篷、捡柴草牛粪、生篝火，刚吉都跟着大家一起做。

阿尼指着前方说："一直往那个方向走，翻过三十座山就到了，只有真正的男人才可以见到盐湖女神。以前驮盐的路上，要一直念经、祈祷，而且不是每次都可以顺利驮到盐。生病死在路上，或者被熊吃掉牛都是经常发生的，因为盐湖女神只喜欢强壮的男人，所以驮盐是男人的事情。"

大家围坐在火塘边，听次仁讲盐湖女神的事，"驮盐队还有自己的盐语，

| 新的驮盐队组成了，次仁带着刚吉出发

刚吉不能学哦，否则以后到学校里说，别人会笑话的。"驮盐队员们打趣说，刚吉可能会成为驮盐队的传说，因为他是最小的队员。

第二天清晨，驮盐队要出发了。出发前的第一件事就是套牦牛，经过了一夜的休整，牦牛的脾气似乎也更大了。好几个年轻人都套不到，牦牛头上的角可是很厉害的武器。次仁决定让刚吉去尝试一下。虽然让刚吉去做这样的事，次仁有些担心，但这是驮盐队员必须经历的。没想到，刚吉既勇敢又机智，在阿尼的指点下完成得很出色。

驮盐队继续前行，气温也越来越低，苍茫的高原上，强壮的牦牛和男人们都显得十分渺小。

他们终于找到了第一片盐湖——雅根错。然而，眼前的雅根错已经没有盐了，踩在脚下的只有碱，刚吉脸上露出失望的表情。短暂沉默后，次仁做了另一个决定，带领驮盐队继续出发，目标是雀儿错。

"这里气温温差太大，盐碱硼分离不开，所以这里盐不能用。所以，这次我们要走更远的路，一定可以找到比这里更好的盐。"

刚吉有点不甘心，他走到稍远一些的地方，举着一块他亲自找到的盐让阿尼看。"这也是有沙土混合的盐。"阿尼心目中的好盐是纯净的盐，"以前盐湖很多，可是现在越来越少了。"

没有结果的一天并没有阻挡驮盐队的斗志。"如果运气好，明天我们就会见到更大的盐湖。"次仁很自信地说，然后对八个队员进行了分工，分别

| 驮盐队有几十头牦牛，它们是高原上最能吃苦耐劳的运输队

| 苍茫的高原上，强壮的牦牛和男人们都显得十分渺小

负责凿盐、堆盐和装运，盐要高高的堆，堆得越高越好。

"盐湖附近会有沼泽，一定要小心，否则掉下去就连魂都没有了。"次仁叮嘱到。

"没事，谁掉下去，就让他留下来陪盐湖女神，明年我们再来接他。"大家说笑着，在寒冷的高原的夜里，牦牛粪把篝火烧得很旺。

清晨，驮盐队冒着细碎的雪花往前走，这种天冷得牦牛都快冻死了。

"每次离家都很久，驮回最好的盐就是全家人的命啊，没有害怕的事情，最圣洁的女神啊，会保佑我们的。祝福女神啊，扎西德勒。"

驮盐队的歌声在风雪中飘荡，他们继续去寻找那片最纯净的盐湖。

眼前出现了一片洁白的湖面，次仁确定那是最好的盐湖。于是他们开始在湖边煨桑。"供三宝、供英雄和仙女、供战神、供护法。把洁白的煨桑供佛、供女神、供财神。事事如意，吉神如意。"这是驮盐队古老的传统，在采盐前先要供奉湖神。"最纯洁的女神啊，求你把宝贝赐给我吧，我们都是强健的男人，像火一样旺盛的男人。"

次仁拿出了那几个比刚吉的年龄都大很多的盐袋，祖孙开始装盐。"我们的家人和牦牛都是靠着这些盐生存的，我们不可以贪得无厌，不能浪费一粒盐，也不能多拿一粒。因为还有很多人要来采盐，我们拿得太多，盐湖女神会不高兴，别人也会没有盐吃。"

次仁一边干活一边叮嘱儿孙们，他觉得这是驮盐人要懂得的规矩，也是做人的道理。这些道理对于脱口唱出的《好汉歌》而不是驮盐歌的刚吉来说，可能还不是太明白，但慢慢地他就会懂得，这是次仁坚信的。

| 大家忙碌地装盐

"我们用最好的青稞酒和食物敬给盐湖女神，感谢她给我们生命，感谢她让我们世世代代得以生存，感谢她把宝贝赐予我们。希望明年快快到来，我们又可以见到你，我们把最美的祝愿留给你，我们可以把生命献给你。扎西德勒。"

次仁在湖边献上了五彩的经幡，向着湖的方向五体投地。"明年我还要来。"刚吉有些稚嫩的声音在湖面上飘荡。

| 收获颇丰的驮盐队特别兴奋

| 做出一把真的藏刀，是西洛长久以来的梦想

易贡刀匠的任务

扎西爷爷坐在藏毯铺就的椅子上，在院子里晒太阳，吸着鼻烟，腰间挂着一把长长的藏刀。91岁的爷爷身上流有一部分波密王的血液，曾经易贡、八盖、东久都是他这个家族的属地。

在雅鲁藏布江的水汽通道上，一片秘境深藏在群山围绕的峡谷中，这里雨量充沛，气候温暖，呈现出一派亚热带才有的风光。由于特殊的地理环境，波密土王曾经在这里与强大的西藏政府进行了600多年的对抗，直到1928年这个半独立的王国才被攻破。距离土王王宫150公里的地方，古老的波密贵族仍延续着自己的血脉。

对于波密贵族后裔来说，最能彰显其贵族身份的，则是易贡当地出产的一种藏刀。

佩刀几乎是旧时西藏男人的一种标准配置，有着 400 年历史的易贡藏刀更是其中的翘楚。易贡藏刀的独特之处首先在于，所用的原料是从当地山上开采的三种铁——雍如铁、马加铁和古加铁组合打造而成。曾经，易贡藏刀是强盛的波密王朝时期贵族的身份象征，如今则是西藏文化中重要的组成部分。

这天，扎西爷爷找到了西洛，他给西洛讲了这把易贡藏刀的故事："这几天，我老梦见鹰在叫，还梦见这把刀亮得晃眼的光。这把刀是什么时候的已经记不清了，但它之前的主人叫扎西甲培，所以它也叫扎西甲培。曾经，扎西甲培一晚上砍死了 9 个珞巴人，现在刀下的人早就转世了。扎西甲培陪了我半辈子，把它放在枕边，命硬，可以避邪。"

西洛接过刀，这是一把真正的易贡藏刀，连刀柄都有着精美的花纹。扎西爷爷说："以前，我们这里有过很多传奇的刀，还有把刀叫宗布嘎，手起刀落，牛头落地。还有一把叫鲁嘉玛，有头人曾想用一百头绵羊来换。现在只剩下扎西甲培了，它是一把有灵魂的刀。你看，它依旧锋利，刀身依旧有弹性，把刀身掰弯，一松手还能还原成一样的。你仔细看，刀身还泛着青光。"

西洛仔细地端详着手里的刀，作为一个刀匠，能做出一把这样的刀，一直都是他的梦想。

"那您今天提着刀来找我，有什么需要我做的？"西洛知道，扎西爷爷一定不止是为了来讲刀的故事。

扎西爷爷说："我老了，我想给这把刀找个伴儿。扎西甲培之所以这么

｜ 波密雨量充沛，气候温暖，呈现出一派亚热带才有的风光

｜ 西洛把打造好的刀交到扎西爷爷手里，爷爷很满意

锋利，就是用了我们当地的雍如铁、马加铁和古加铁，只有我们这里才能打出这样的刀啊。"

"我会亲自上山把铁矿挖来。"西洛知道，扎西爷爷不仅想给扎西甲培找个伴儿，他还想给自己的子孙留下点东西——一对真正的易贡藏刀。西洛决定完成扎西爷爷的愿望，接受这个任务。

选了个风和日丽的吉祥日子，西洛准备带着徒弟们上山了。他们先敬山神、煨桑、挂风马旗，祈祷神山保佑："求神灵赐给我们铁矿，祈求山神保佑，保佑顺利归来。双眼明亮，耳朵灵敏，双腿有力量，幸运像溪水在身边流淌。"最后，所有人共同祈祷："嘎拉那波山神保佑，我们刀匠的幸运都是山神的赐予。"

当地流传着一种说法：刀匠的斗志和勇气，要像火一样旺盛；心要像铁一般坚硬，所以女人是不能上铁山的。

结束了一天的行程，他们刚刚准备扎帐篷，突然狂风骤起，雷声大作。在冰雹倾盆而下之前，众人合力搭起了一个简易的帐篷。

"今天，山神好像发脾气了。可能是我们刚才动静太大，也可能我们很久没有上山采铁矿了。这么多年，铁山给我们太多铁矿了，但我没见过这么大的冰雹。"

有人的后脑勺甚至被冰雹砸出了一个大包，"如果再大点，可能得去见爷爷了。"有人还心有余悸。那些比拳头还大，小也好似鸡蛋的冰雹让大家都有些劫后余生的惊悸。

西洛又去给神山煨桑，而且再一次虔诚地祈祷，他相信，一颗虔诚的

| 佩刀几乎是旧时西藏男人的一种标准配置，易贡藏刀更是其中的翘楚。

| 易贡藏刀 |

迄今已有 400 年历史的易贡藏刀堪称藏刀里的奢侈品，是西藏文化的重要组成部分。藏语称作"易贡波治加玛"的易贡藏刀据有无可替代的唯一性，因为打造藏刀的所有材料都只能取材于易贡地区。"易贡藏刀最大的特点是长、细、轻便、锋利无比、不容易生锈、波纹永在，其工艺技术扬名藏区。易贡藏刀摆放在家里象征着能够过上富裕的生活，带在身上能够起到辟邪作用，让人有安全感。"过去，易贡藏刀是一种身份的象征。明清时期，藏区的权贵人士以拥有一把易贡藏刀而自豪。"在现有的藏刀中，无论工艺还是传统，易贡藏刀也称得上典范。

遵照古制做法的易贡藏刀，取材于当地铁矿的刀身需经千锤百炼，刀柄和刀鞘也都取自易贡原始森林里稀有的树种原木，再用珍珠鱼皮裹柄。刀鞘外壳是牛皮鞣制之后缝合，"彩虹纹"是易贡藏刀的显著标志，是波密王朝时期人们自然崇拜的遗迹，现在成为了易贡藏刀的标识。

心能感动神山。

终于，神山再次露出平静安详的面容。"这山真不是一般的山，有红铜、黄铜，铁矿就不用说了，整个山顶都是，还有一大片水晶石。"入夜，西洛和他的徒弟们围着篝火聊着神山的事。"传说，这里曾经是深海海沟。老人说，水晶采下来会立刻化成水，太神奇了。"

有人说："因为那是冰，不是水晶。"

藏区因为海拔高，除了雪山还有很多冰川，所以老人们会误将冰川当成水晶石。

"铁山、铁山我的家，这里有丰富的铁矿，铁山、铁山，赐予我们最好的生活。"

第二天，铁山在晨雾中缓缓醒来，鸟鸣山风松涛，是一个好天气。这一天照例从煨桑开始。

西洛带领众弟子祈祷："祈求山神保佑我们平平安安来去，不要下雪下冰雹，赐予我们铁矿。祈求山神不要发怒，不要发怒。原谅我们，不要下这么大的雨和冰雹。保佑我们采矿顺利。"

果然，这一天西洛他们找到了一块很难得、很大的铁矿，"纯度很高、吸力很强。"西洛用随身带着的吸铁石试了试说，"自古都是用多少拿多少，浪费会遭报应。"他正告采矿的弟子们。传统就是这样一代一代地传承下去的。

采矿回来后，西洛用土法熔铁。熔铁是最考验人的环节，如果温度没有控制好就会变成废铁，让之前的劳动都打了水漂。熊熊的炉火燃烧了几

| 铁山在晨雾中缓缓醒来

天几夜终于炼出了最好的铁。

接下来的几天里，叮叮当当的打铁声在山谷里回响，反复地锤打、锻造，所谓百炼成钢。西洛全神贯注地投入藏刀制作中，繁复的流程和制作，每一个环节都需要投入极大的专注，否则一不小心，正在打制的刀就会变成废铁。

初具模型的藏刀出炉后，西洛在刀身上慎重地打上了自己的标记。然后开刃、淬火，经过几天的辛苦工作，西洛终于打造出一把精致锋利的藏刀。一把真正的易贡藏刀诞生了。

"神赐的英雄的刀，刀背像山顶的积雪，刀刃像流星般闪烁。刀尖好像升起的火焰，刀腰上的花纹就是天际的彩虹。神啊，赐予宝刀灵魂吧！"西洛在雪山为背景的旷野里为自己亲手打造的藏刀祈求神灵。

西洛把打造好的刀交到扎西爷爷手里，爷爷拔出刀，仔细地查看了每一个细节，并挥舞两下，缓缓地说了一句："这刀就只缺一点血味了。"这句话是对西洛最高的肯定。

"那你给它也取一个名字吧。"

"格桑曲珠。"扎西爷爷早已经给刀想好名字了。

| 雅鲁藏布江的水流通道上，一片秘境深藏在群山围绕的峡谷之间

对贡觉仁增来说，为村民们看病是一件很荣耀的事

雅鲁藏布大峡谷唯一的藏医

贡觉仁增从小体弱多病，成年后便开始学习藏医。他最擅长的药浴疗法源于 1300 年前的《四部医典》，用五种藏药配上青稞酒，在木盆里泡浴可以治疗风湿病。两年前，他得知雅鲁藏布大峡谷一带没有藏医，便决定来这里工作，成为这里唯一一名藏医。

每到春天，桃花盛开的时候，林芝就成了人间天堂：白雪皑皑的雪山脚下，宁静的村庄被绿油油的青稞环抱，粉红的桃花像云朵一样环绕着四周。江水似碧绿的绸带，沿着峡谷奔流到更远的地方。这些年，林芝春天的桃花已经成了著名的风景，是全中国的人都向往的地方，但这时候却也是贡觉仁增医生一年中最忙碌的时节之一。

一大早就来敲他们的中年汉子说了他这些日子来的病痛，但贡觉仁增还是要对他进行尿诊，这是藏医里一项独特的诊病方法：将患者每天的第一份尿样，用银碗盛着，用木棍不停地搅动，通过尿样的颜色、泡沫、气味、漂浮物或者沉淀物，作为诊断的依据之一。除此之外，藏医也会像中医一样，也要对患者望、闻、问、切。

通过问诊、尿诊，加上诊脉，贡觉仁增已经很肯定这位患者患的是隆病，用西医的理论来解释就是肝脏出了问题。这在西医看来是一种很顽固的慢性病，患者表现为乏力、疲倦等症状，没有特别有效的药物可以根除，服药大多是改善或者缓解症状。

贡觉仁增告诉中年男人，他是隆病，同时也明确地说，这个病需要采用血疗法。中年患者跟着贡觉仁增来到诊所外面。春天的藏区正是花红叶绿、雪山皑皑的季节。

贡觉仁增手里拿着放血疗法需要的器械，除了刺针，就是绑扎胳膊的布条、压迫血管的木叉，还有盛装血液的器皿。贡觉仁增一边朝患者走过去，一边念着："叩拜宇妥·元丹贡布上师，恳请保佑患者康复，叩拜难能可贵格眉拉（药师）。"

患者对于即将进行的治疗显然有些害怕，他努力地把头偏到另一边，尽量不去看到即将发生的一切。虽然，很多年以前，他也接受过这样的治疗，因为放血疗法在藏医里是十分常见的治疗手法之一，但他还是一脸的畏惧与无奈。

"是不是有点痛？"贡觉仁增手里的工作没有停，用布带勒紧的患者胳膊能清晰地看到静脉血管，被刺破的血管正在汩汩地出血，助手用器皿接住流出来的血，但出血量还不够，于是贡觉仁增又用力挤了挤血管。中年

| 藏医也会像中医一样，也要对患者望、闻、问、切。

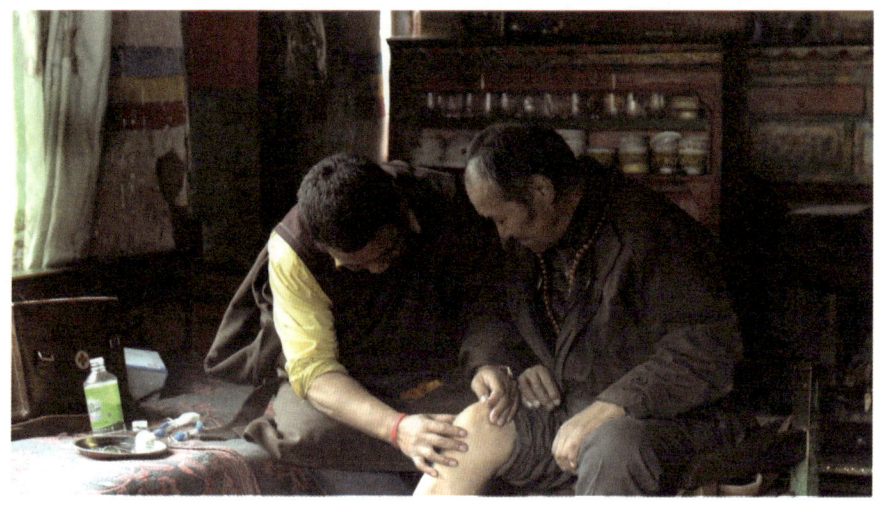

| 贡觉仁增为患者诊病

人再次扭过头去，他完全不敢看这个场面。

"头会有点晕，今天一定不能喝浓茶，更不能喝酒。"酒和茶在藏族人的生活中简直如同空气和水，但这是医嘱中最重要的部分。

春天来了，林芝也变得花红柳绿，但积郁了一个严冬的病毒也随之醒来。雅鲁藏布大峡谷尽头的加拉村村长就找上门来了。

因为地处偏远，那里的村民想看病就更加不容易。村长自己的胆结石最近也犯了，所以，一路上他不得不走走停停，歇了好几次才坚持到了贡觉仁增的诊所。

村长对贡觉仁增说："你就是活菩萨啊，村里好多人都病了，有的已经病了很久，就盼着你能去给他们看看病。"

见贡觉仁增面露难色，村长赶紧补充："你不答应去，我都不敢回去。"

贡觉仁增显然被说动了，回道："那你给我两天时间，把这里的病人安顿一下。"

村长一脸欢喜地走了，大概也忘了自己胆结石犯了的事，临走时还不忘嘱咐："你可不能忘了带上你的药浴澡盆。"

藏医的外治手段中，炙疗、放血、拔罐、热酥油止血、青梨酒糟贴敷都是比较重要的方法，还有药浴也是很有效的方法。

接下来的两天里，贡觉仁增除了看病，丝毫没闲着。亲自到山里采草药、制药，最重要的是，特地去镇上买了一个大号的木质浴缸，是那种能平躺下一个成年人的尺寸。

| 贡觉仁增开着皮卡穿行在如画的山间，去给村民看病

| 山崖边开凿的土路是贡觉仁增每次去村子里出诊都要经过的

出发前，贡觉仁增还亲自把汽油筒里的油加到那辆装着大浴缸的皮卡车里。用虹吸法加油是土办法，除了会往嘴里吸一大口汽油外，这办法是很管用的，可不知道为什么连连失误，已经吸了三四口汽油到嘴里了，却一滴也没有加到油箱里。贡觉仁增都快疯了，后来他终于想到可能是管子老化了，重新找了一截管子才算成功。最后，贡觉仁增找来一块纸板，用藏文写了个通告："广大群众，我出门治病救人，有急事，请叫我贡觉仁增。"贡觉仁增画了一部手机的图案，然后写下了自己的手机号码。这样，就算不认识字的人，也知道给他打电话。

一切就绪。贡觉仁增开着他的车穿行在如画的村庄里，然后是一段山崖边开凿的土路，车过之处尘土飞扬，另一侧则是奔涌向前的江水。这条路贡觉仁增很熟，他不贪恋春色，也不惧怕悬崖，只是专心地开车。

那边，加拉村的村长早早就来到村口，远远地看到医生的车，兴奋地迎了上去。"哦，医生，你终于驾到了。我就知道你今天会来，早早地等在这里。"峡谷尽头的加拉村除了交通不便外，与其他村庄并没有两样。

坐在贡觉仁增的副驾驶座的村长手持喇叭广播着："好消息，医生来了。时间紧，任务急，病人快过来，抓紧时间看病了。"

村里的病人有老有小有男有女，有贡觉仁增用火灸、药浴治得好的，也有贡觉仁增治不了的肺炎病人，贡觉仁增决定离开的时候捎带上自己没有办法治疗的病人，把病人送到县里的医院去。

峡谷尽头的加拉村还有一半位于河对岸，贡觉仁增又和村长合力抬着那只大浴盆一起过到对岸的村里。山路蜿蜒、道路坎坷，但都被村长的幽

药浴是加拉村村民最需要的

默和乐观消解了，他们一人忍着胆结石的疼痛，另一人走坏了一双鞋，终于在天黑前到达了河边，顺利过河后就不远了。

药浴是这里村民最需要的，整个冬天都在牧场里放牧的中年人，高原的寒气侵入他的身体，让他显得羸弱不堪，以他为支柱的家庭如今已经积重难返。临走时，贡觉仁增把浴盆留给了他，因为他的风湿病需要长时间的药浴治疗，同时，村里的其他人也可以一起使用。

返回的路上，贡觉仁增倍感轻松，"不用再抬浴盆简直太轻松了。"其实，变得轻松的还有他的内心。

| 雪山皑皑、桃花夭夭的春天，是贡觉仁增最忙碌的季节，也是林芝最美的时候

| 藏 医 |

据本教第一本医典记载，敦巴辛饶是最早的藏医，他的儿子杰布楚西成为了他的继承人，由他编纂的《多个梦移》成为了《四部医典》的宗源书之一。早在象雄时代，藏医就已经有了外科手术，而且术后愈合无需拆线。放血法、火疗法和涂摩疗法是藏医里比较传统的治疗手段，酥油止血、青稞酒治外伤则是很早以前就有的医疗常识。

从公元 4 世纪到 8 世纪是藏医学不断吸收和发展的时期，玉妥·云登贡布是吐蕃时期的藏医代表，也是藏医学理论的奠基人。藏医理论以一张树图来形象地说明人体的三大因素构成，树图中蓝色表示人体内存在着的"隆"（气）、红色则是"赤巴"（火）和黄色代表的"培根"（土和水）；饮食精微、肉、血、脂肪、骨、骨髓、精七种物质基础；大便、小便、汗液三种排泄物。三大因素支配七种物质基础和三种排泄物的运行变化。藏医也采用望闻问切对患者进行诊断，"尿诊"却是藏医独特的诊疗方法，药材多是采自藏地的许多名贵药材。

｜ 石头把脉传人一家

神奇的石头把脉

　　冬天的藏北草原寒风凛冽，草地都枯黄了，湖水也冻成了冰面，贡曲宗珠在这样的季节依然需要出门为牧民看病。从学医开始，父亲就告诉他："医生是病人与死亡之间最后一道关，是佛的变身。做个好医生，我们都会为你自豪。"

　　家住藏北草原的贡曲宗珠是年轻人中少数对传统有着浓厚兴趣的人，他现在跟着师父琼珠学习藏医。琼珠师父除了会用藏医通常的把脉、尿诊来给病人诊病开药外，还是石头把脉的传承人，这是一种在经书里有明确记载的藏医技术。通过石头来判断病人的病情，即便他没有看到病人，也能得出准确的结论。为了帮助更多的人，也为了让家人都为自己感到自豪，贡曲宗珠一直努力学习。学习好藏医，帮助更多的人就是眼下贡曲宗珠的心愿。

这天，贡曲宗珠接到一个病人的电话，他照例骑着自己的摩托车穿过茫茫的草地去到病人家。冬天的藏北草原异常寒冷，摩托车有时会因为气温太低而熄火。即使整个人都冻僵了，风吹在身上像刀割一样，贡曲宗珠还是一心想着早点见到病人，帮助她尽快好起来。

病人是个六十多岁的老奶奶，坐在昏暗的房间里，显得十分虚弱。从脉象上看，她应该是气滞郁结导致的脾胃问题。老人说，浑身都是冰凉的，偶尔还觉得恶心。她的肩背也很痛，还有膝盖也疼，特别是天冷的时候，疼得站都站不住。

"爷爷就是因为呼吸困难而死的，最后也不知道究竟是什么原因。有的医生说，这是血压的问题，我们家的人都有这个毛病。我觉得我很难挨过这个冬天了，但我不想就这样死掉。"老奶奶急切地盼望着贡曲宗珠能给她开点有效的药，让自己尽快好起来。

"出门朝北走九步，然后捡一块石头，病情会显示在石头上。"贡曲宗珠挽着老阿妈出了门，按照石头把脉的仪轨完成了把脉过程，但他对自己的诊断没有太大的把握，他决定把阿妈捡到的石头拿给师父看看，进一步确诊病情，再给她开出药方。

贡曲宗珠把捡到的石头抹了点酥油，然后仔细包好，"师父看的结果不会错，他会给你开一副对的药。吃了他的药就能好了。"贡曲宗珠的话给了老奶奶很大的信心，她表示安心在家里等贡曲宗珠的消息。

贡曲宗珠带着捡到的石头又马不停蹄地赶到师父家。"病人的事就是天大的事。"这是跟师父学医的第一天，师父说的，所以，天气再冷，时间再晚，宗珠也要赶过去见师父。

宗珠的师父会通过石头把脉为病人看病

到师父家时，师父正在制药。接过贡曲宗珠递来的石头，他认真地看了一会儿说："病人是病得不轻。"贡曲宗珠也跟师父说了自己的诊断，并补充，病人去年一整年都在县医院输液，但到了冬天病得更厉害了。这也是贡曲宗珠最不明白的，现在学习藏医药的人比过去少了，因为大家都去看西医了，但是西医总是让病人输液，但有些病人输得越多越虚弱。

"这块石头潮得很，形状不方不圆也不是三角形，看上去像脾的样子。石头整体是淡绿色的，但左上角泛湿气的地方是黑色的。她的病主要是脾胃的问题，食物中生冷太多，水源又不干净。她是不是浑身疼？右边的肠子还有炎症，你看，这里凹进去一块，说明肩膀和背会疼得很厉害。"

贡曲宗珠不住地点头，师父所有的诊断都跟他问诊的情况一样。"如果石头上有白色裂缝的话，说明生命不会有问题，但现在石头上的裂缝是黑色的，还有一点点红色，这预示问题很严重。"师父把石头递向贡曲宗珠，让他看得更清楚一些，"你看，这边也是黑色的，裂缝也是黑色的。"

师父给病人开了药方，但还差一味药。"从那么远赶过来，累了吧。进去喝点热茶，然后我们去找药。"师徒俩坐在塘边，喝着热的酥油茶、吃着糌粑，一边聊天。

"经书里有很多关于石头看病的记载，你要多学习，平常也要多认识一些药。"师父说。

"经书里石头看病的内容我在学习，也背下来了。现在认识了一些常用的药，比如泽巴、达夏、沃米、巴瓦、桦地。"贡曲宗珠向师父汇报他这段的学习成果。师父满意地笑起来。

吃完东西，身体也暖和过来，师父带着贡曲宗珠拴了马去冰湖采药。"那

| 寒风凛冽的冬季的藏北高原

| 贡曲宗珠在寒冷的冬季依然会出门为牧民看病，他为自己的工作而感到自豪

宗珠的师父琼珠是石头把脉的传承人

| 宗珠和师父在结冰的湖面上采药

荣错在很久以前是一片海，所以现在冰湖里才会有海底动物的化石。我们要找的就是一种动物化石，叫做竹节石，很难找到。这种化石有点像肠子，又像有孔的骨头，专治肠胃病的。"冬天的湖面已经结了很厚的冰，人在上面行走十分艰难，但这反倒是采竹节石的好时节，如果夏天来，湖水很深，很难看到竹节石。

贡曲宗珠小心地在冰面上走，也仔细地分辩冰面下的东西。师徒两人运气很好，不一会儿就找到了五个竹节石，用锤子砸开冰面，必须徒手在冰冷的水里去捞他们需要的化石，但因为有所收获，冷都被忘记了。

"用多少取多少，这些不是商品，不能滥取。"师父在湖边烧了堆火，"找到药材后，一定要念经，要感谢湖神的恩赐。"说完，师父一边煨桑，一边颂神。贡曲宗珠把这一切都默记在心里，他知道，这都是藏医药重要的组成部分，否则就不算一个好医生。

"治病的药都像生病的器官。"回到家里，师父将竹节石用水煮开，然后用石臼捣碎，贡曲宗珠一直在认真观察，同时他也发现这种化石的特征。这些从湖底捞上来的化石，一截一截地粘在一起，像一些小管，也像人的肠道。然后，师父把捣碎的竹节石放到另一个容器里，摇晃着，以致分离出更细碎的粉末，更便于病人服用和消化。然后，师父将药粉装到一个纸袋里，做一个敬天、敬地、敬神的动作，才慎重地封了起来，写上每天的剂量，交给了贡曲宗珠。"让她按时服用，五天后，如果还不见好转，一定要送医院，病人的事不能耽误。"师父嘱咐说。

接过药，贡曲宗珠骑上摩托车，再次消失在茫茫的藏北草原上，而老奶奶正在等他。

｜ 藏北草原的一家牧民全家福

坚守

| 波密县最年轻的放映员白玛曲旺

电影放映员少年白玛曲旺

19岁的白玛曲旺，自从中学毕业后就一直在乡里做放映员，是波密县最年轻的放映员——走村串寨放映电影。

虽然2013年10月31日，墨脱通公路标志着中国实现了县县通公路，但依然有很多村镇没有与外界直通的公路，有些偏僻的村子可能被一山或一江分隔，别说看电影这样的文化活动，就算城里人看来最普通的电灯电话都并不普及，一阵风来，有可能把信号塔吹倒，电话线就断了。

杜鹃花开的时候，白玛曲旺又牵着那匹叫做赛冬的母马上路了。赛冬已经怀上了小马崽，但是还是必须跟着白玛曲旺走山路，还要驮着一百多斤的放映设备。路上，白玛曲旺爬到山坡上的杜鹃树上摘了许多正在盛开的杜鹃花，把花编成花环戴在赛冬的头上。在白玛曲旺的眼里，怀孕的赛冬依然是漂亮的少女。白玛曲旺用手机给自己和赛冬拍了一张合影，打算等到了信号好的地方，就把它传到网上去。

春天的山路并不都是鲜花、阳光和绿荫，他和赛冬也会遇到泥石流。当石块、泥浆，混合着砂土，从山顶轰隆隆地滚下来，赛冬被吓得四处乱窜，白玛曲旺险些抓不住它的缰绳。一般来说，泥石流只会在雨季才遇得到，而今年的气候有些反常，雨水特别多。

终于走出了泥石流的危险区，白玛曲旺有点累了，他找了块草地躺下，掏出随身带着的那本杂志——《看电影》。《看电影》是白玛曲旺在县电影院门口捡到的，已经过期了，但里面的那些漂亮而又风情万种的外国女明星还是让白玛曲旺着迷，他正是春情荡漾的年纪，要是在过去，他这样的年龄早已经成亲了。但是因为做了乡村放映员，他还没有自己的姑娘。看着看着，白玛曲旺有些迷糊起来，用杂志盖在脸上，正好可以挡住穿过树梢的明亮的阳光。

白玛曲旺睡着了，赛冬独自溜到了山涧的瀑布边游荡。等到白玛曲旺醒来，在树林和小路上找了很久才算找到了它。

天擦黑的时候，白玛曲旺决定在一条河边扎营，剩下的路还需要半天的时候才能走完。扎帐篷是每个藏族人都会的技能，在转山的路上，吃穿所需都要随身携带，帐篷当然也要自己动手建起来。晚上，在月光和篝火的光亮中白玛曲旺用手机看电影，所幸有了智能手机，漫长孤独的夜晚，可以用电影来打发时间。白玛曲旺喜欢看电影，所以，放映员的工作虽然辛苦，但他一点也不觉得累。电影女主角哆哆的台湾腔在寂静的夜晚，传得很远。

| 春天的山路寂静空灵

| 白玛曲旺找了块草地躺下，掏出随身带着的《看电影》

第二天上午，白玛曲旺快要到达这次的放映点——朗玉村了。可是一条大江隔断了对面朗玉村的去路，江面上只有一根溜索。面对宽阔的江面和滚滚的江水，白玛曲旺一筹莫展，他没有溜过溜索，而且还有赛冬和一堆放映设备。

白玛曲旺给朗玉村的村长打电话求援，结果电话是副村长接的，知道放映员白玛曲旺被困在江那边，副村长赶紧答复："我们飞过去接你。"

很快，副村长和几个年轻的小伙子出现在了对岸，他们一个个熟练地抓住溜索上的滑轮溜到了白玛曲旺的面前，溜索上的身影轻盈得像燕子，的确是"飞"过来的。

溜索对于不通路不通桥的朗玉村来说，是村民与外界沟通的唯一交通方式，虽然溜索隐藏着极大的危险。副村长的儿子去年就是溜索时掉到江里去了。一旦掉下去，就没有生还的希望，连尸体都可能找不到。当然，他们一定不会让没有溜过溜索的白玛曲旺有任何危险，他们一行四人就是为了保护白玛曲旺来的。但是，白玛曲旺还想带赛冬一起去朗玉村，赛冬不仅承担乡镇放映的运输任务，还是白玛曲旺最亲密的伙伴。

"我不舍得让它一个人留在这边。"没有人能说服得了白玛曲旺。

"小伙子太犟了。"副村长摇着头说。

就像白玛曲旺不想放弃赛冬同行的计划一样，村民也不想放弃看电影的机会，对于这个没有公路不通桥的村子来说，能看上一场电影是无比珍贵的机会。

"马溜到对岸会撞到石头上。"有村民质疑。他们从来没有在溜索上运过马，虽然溜过猪和鸡，那都是把它们绑在人的身上一起溜过来的。

| 在河边等待救援的白玛曲旺

他们用一块木头做了一次实验，的确撞到了岸边的石块上，木头撞得支离破碎。如果溜索上的是马，此时就命丧黄泉了。于是，大家开始想办法解决这个难题：首先，把溜索从一根加到两根，这样就可以由人从两边来控制溜索上的马的滑动速度；其次，把出发这边的溜索抬高并且加固，这样可以让滑动的速度加快；最后，也是最关键的，是如何把赛冬固定在溜索上，以至于让它在滑动的过程中不会失去平衡。要知道，一条溜索能承受的最大重量只是一百多斤，而怀孕的赛冬加上驮在背上的放映设备差不多两三百斤，这实在是一个极大的考验。

"我相信，菩萨会保佑它。"白玛曲旺很肯定地说，在藏区，人们都信仰藏传佛教，都虔诚地相信，菩萨保佑众生平安，况且，他们是来把快乐带给对岸村民的。

为了让赛冬的渡江万无一失，白玛曲旺和另外几位男青年先到了对岸，以便做好接应工作。江岸的这边则由副村长负责赛冬的安全，几个壮汉几乎是五花大绑地把赛冬固定在溜索上，最后带的绳子不够，一位村民还不得不解下自己的腰带，这样，赛冬的身体总算平稳地系在溜索上了。

马匹到了江心，一切都还算顺利，大概赛冬对于刚刚发生的一切还没有来得及做出反应。那边，白玛曲旺和另外四位男青年合力拉动着绳索，以便帮助赛冬更快地到达岸上。白玛曲旺的心一直悬着，赛冬身下的江水汹涌地奔流着，水流的声音加重了白玛曲旺心里的那份担忧，但他始终紧紧地抓住手里的绳索，因为他知道，只要绳子不断，他们就一定能把赛冬平安地运到岸上。

眼看就要抵达岸边了，赛冬突然挣扎起来。或许，它终于意识到了危

| 朗玉村的村民的确是"飞"过来的

险的存在，也或许，捆绑在身上的绳索勒得它不舒服。总之，它的挣扎加大了拖拽的难度。"越来越重了。"岸上的五个年轻小伙子几乎是躺坐在地上，借助着地球的引力与那只因恐惧或者痛苦而挣扎的马匹进行着力量的对决。

自从赛冬被送上溜索的那一刻，白玛曲旺的目光就没有离开过它，此时，看着在江面上挣扎的赛冬，他比任何人都更加揪心。终于，赛冬还是有惊无险地过江了。当它的蹄子触到岸上的巨石的时候，白玛曲旺立马跑过来安抚赛冬。他和另外几位小伙子抓住了赛冬身上捆赋的绳子，花了不小气力才让惊惧的赛冬安静了下来。

经过这有惊无险的一幕，剩下的路已是"坦途"。白玛曲旺跟在赛冬的身后，与前来迎接他们的村民，走在通过朗玉村的山路上。白玛曲旺藏袍下的 T 恤的背面印着一个大大的红心，那颗红心已经洗得有些发白，但在绿荫蔽日的山间，依然显得十分醒目。

朗玉村与任何雪山下的村庄一样，一幢幢木楞房散落在绿荫如毯的青稞地里，春天的藏地村庄，宁静恬淡而又如画般美丽。

傍晚，白玛曲旺借着最后的亮光，在村里最开阔的那片空地上支起了一块白色的幕布。入夜，周遭暗黑下来，光影打在幕布上，活动的彩色人影演绎着人间的悲欢离合。

这部喜剧电影，白玛曲旺看了不止一遍，但他还是像第一次看那样，跟着村民们一起笑，虽然银幕上的故事离他们实在有些远，但以前，他们连观看的可能都没有。

| 快抵达岸边的赛冬

这天，丹曲接到电话，村里给学校买的钢琴到了

墨脱上空的钢琴曲

墨脱小伙儿丹曲从艺术学校毕业后回到了家乡墨脱，这里是全国最后一个通公路的县。丹曲学的是音乐教育，他梦想着有一架钢琴，让加热萨中心完小的孩子们能在钢琴声里校正音准，听到钢琴发出来的美妙声音。

都说没有到过墨脱就等于没有到过西藏。所以，即便没有通公路的时候，墨脱也是不少旅行者必到之处。这里有雪山，更有壮丽的雅鲁藏布江，被旅行者形容为"眼睛在天堂，身体在地狱"的旅行之地。

丹曲回到家乡后，从外表看，跟城市里的年轻人没有什么两样，他也爱穿牛仔裤，戴窄边的方框眼镜，背旅行者才背的登山包，但他会在 T 恤外面穿一件改良过的藏式外套。

他喜欢唱歌，热爱音乐。流行歌曲随着外面的旅行者和外出打工的村民也传到了这里，但丹曲希望孩子们记住藏族民歌的旋律，记住这片土地的雪山和美丽的格桑花，也希望孩子们有朝一日可以唱着他教的歌，走出大山，去看外面的世界。

> "邦锦梅朵好美啊，开在草原上；
>
> 邦锦梅朵好美啊，开在雪山上；
>
> 邦锦梅朵好美啊，阿妈心中的歌；
>
> 邦锦梅朵好美啊，唱给太阳的歌。"

课间，丹曲接到一个电话："你有个巨大的东西到了，趁着没有下雨快到宗荣村里来取。我们送不了，太重了。"

前些日子，村里拨款给学校买的钢琴终于到了。墨脱的路，晴天都难如登天，如果遇上连日的雨水那行走起来都困难，更不用说还要搬运一架五六百斤的钢琴。丹曲决定去找村长帮忙。丹曲在村长家里找到了刚刚放牛回来的村长。

"村长，能不能给我派几个人把钢琴搬上来？"丹曲请求道。

"村里有力气的人都出去打工了，现在村子都是空的。我只能把牛借给你。"村长说。

可是光有牛，没有劳动力，是搬不回钢琴的。看到丹曲又无奈又焦急的样子，村长让他去找村里有"大力神"之称的阿布李新。当年，他和另外一个年轻人把一头牛从乡里背回村里，那也是无人能敌的纪录。丹曲像看到了一线曙光，高兴地跑去找大力神阿布李新。如今在村里开了家小卖

| 墨脱被旅行者形容为"眼睛在天堂，身体在地狱"的旅行之地

| 丹曲大学毕业后回家乡，在小学教孩子们音乐

部的阿布李新热情地接待了他。

"年轻时候，我的确有力气，很难有人跟我比，但是我现在老了。"如果有力气，阿布李新大概也不会开小卖部，而是像其他有力气的人一样，去外面打工了。

阿布李新继续说："有伙汉族人，他们很聪明，连挖掘机都能运到加热萨。"

在墨脱，除了旅行者，还有另外一种外地人，他们是专门从事搬运工作的背夫，他们依靠自己强健有力的身体，而不是现代运输工具，帮助人们把一些大型设备和家用电器运到更为偏僻的乡村里。

最近，从甘登乡到村子正在修条路，这是一个好消息，但钢琴不能等到公路修通了再搬。于是，丹曲决定给那伙聪明的汉族人打个电话，丹曲担心，他们也不愿意接这个活儿。

正在宗荣村搬运挖掘机的汉族人接了丹曲的电话，了解到货物是立式钢琴重五六百斤、长两米、高一米，肯定地回复：没问题，并约定第二天在宗荣村见面。

第二天，丹曲很早就从加热萨出发去宗荣乡，想到就要见到他心心念念的钢琴，想到有人能把钢琴运到学校，丹曲就禁不住地想对着雪山歌唱。从宗荣村到扎热萨乡，就算是本地人也要走上两个半钟头。沿途都是马道，沿峡谷深入，会经过悬崖路段。然而，丹曲脚步轻快地奔向宗荣村，路上果然遇到正在修路的工人，也有用骡马运货物的村民。

这群汉族背夫的确很有经验，他们仔细地将钢琴打包。因为接下去的

| 众人扛着仔细打包过的钢琴艰难前行

| 历尽千辛万苦，钢琴终于完好无损地到达学校

道路会遇到泥泞、河流、石块，还有荆棘，任何一点小剐蹭小磕碰都会伤害到钢琴。八个壮汉喊着号子起抬，他们手拉着手，有的扶着对方的肩互相借力支撑，丹曲前后左右地照应着，时时提醒每个人脚下要小心。

"你有病吧，运台这么重的钢琴到山里。"中间休息的时候，他们一起闲聊起来。丹曲只是笑，他并不指望所有人都能理解他。为了买钢琴这个事，村子的争议也不小。

"我来墨脱也有十三四年了，从一来就干这个。"背夫的头儿说，"现在公路通了，活儿也没以前多。我就开个小卖部，偶尔接点活儿，这次运挖掘机已经四个半月了，有时候，我都绝望了，不想干了。但咬咬牙又坚持下来。"

丹曲同样好奇他们是如何把挖掘机那么庞大的一个机器弄到山里的。"把机器拆散了，有的地方还要炸山开路，运到指定地方再组装起来。现在很多零件都还沿路放着呢。"丹曲想起路上看到的那些机器零件，原来就是他们正在运输的挖掘机。

"不要太快，稳当地走，照着一个节奏走。"重新上路，那个背夫的头儿还在不断地提醒每个人，因为他们脚下的路原本只有人和骡马能走，现在他们抬着一个巨大的钢琴，如果不小心没踩稳，有可能连人带钢琴一起掉到下面的雅鲁藏布江里。江水正在山峦之间滚滚奔腾，发出了轰然的巨响。

走过一段刚刚开凿出来的山路，一切还算顺利。可是没走多远，前面修路的施工队挡住了一行人的去路。人可以给他们让路，但挖掘机却不能。工人指着下面一条隐约可见的白线说："你们只能走那条骡马道，从这里下

| 钢琴的到来，让完小的孩子们兴奋不已

去比较近一些。"

看着通往骡马道的山坡，砂石和杂草掩盖着路面，脚下松软无比。丹曲有点担心地说："钢琴会不会掉下去？"

背夫们肯定地说："没事，就从这里下去吧。"

下山的路，后面的背夫几乎是坐在地上溜下去的，因为要以保持与前面一致的高度，这样两头力量才能平衡，前面的人也不能因为承受过重的重置而往前倒。

又过了一座原木架起的小桥，走了一段骡马道，终于快看到终点了。大家突然觉得肩上的钢琴轻了不少。这时的一行人大汗淋漓，却又精神百倍，虽然为了保护钢琴而安装的木板都松了。何止是木板松了，丹曲的脚也打起了大泡，他一瘸一拐地跟在后面，脸上却是止不住的笑意。

当钢琴完好无损地放在教室门口，丹曲激动地流下眼泪，他给每一位背夫一个大大的拥抱。带着孩子们一起唱起了那首《邦锦梅朵》的歌。

这次有了钢琴伴奏，这次是唱给这些背夫听的。

丹曲和孩子们在钢琴的伴奏声中唱起了《邦锦梅朵》

去年遇到的一头年迈的牦牛，今年再见，已经是一具尸体了

藏北无人区的野生保护员

藏北有一片无人区，那里有戈壁、湖泊、雪山，是野生动物的乐园，到处是藏羚羊、黄羊、野驴、野牦牛。这里的普若岗日冰川被誉为"地球第三极"，是除了南北极之外，纬度最高的冰川。多吉才巴一家就生活在这里。

普若岗日冰川是羌塘国家保护区的核心区域，多吉才巴是3个孩子的父亲，同时也是这一片域的野生保护员，除了要放牧家里的400头羊，每年的5~10月，多吉还要在保护区里巡查，一个月至少要巡视十多次。

这一带的野生动物最多，巡防区也很大，离多吉最近的牧户也在50公里外，是他巡逻必须到达的点。只有在那里签完字，一次巡逻才算完成。每次多吉骑着摩托车出门都是一整天。在这期间，多吉只能用对讲机跟家里联系。巡查时，有时还会碰到狼、熊等猛兽。曾经有一次在巡逻的路上，多吉就遇到一头脾气暴躁的野牦牛，怒气冲冲地将多吉的摩托车顶翻，幸亏多吉躲闪得快，才没受伤。

今年 38 岁的多吉才巴，已经有 8 年的野保员生涯。他熟悉生活在这个区域里所有的动物，能说出一群野牦牛中谁是领导、谁的脾气最暴躁、谁最懒。一年前，多吉曾经见到过一头牦牛在吃青草，那是一头大概二十七八岁的牦牛，体量非常大，年纪也很大了。而一年后再见到这头牦牛时，已经成为戈壁上的一具正在腐坏的尸体。多吉仔细检查了它的尸体，推测这头牦牛是在喝水时陷进了沼泽，年迈的身体让它无法及时逃离而死的。

多吉每月的工资 600 元，但是要买汽油，加上摩托车的损耗，并不赚钱。多吉已经骑坏了一辆摩托车，现在的是又买的一辆，虽然也很旧。

一直以来，多吉希望工资可以涨到 1000 元，希望有一台相机可以拍摄野生动物。另外，被动物咬死牲畜也需要拍照，这样才能到政府部门领取补偿。

在这片无人的戈壁上，多吉家的黑帐篷尤其显眼，孩子的啼哭声从帐篷中传出，在荒茫的旷野里更加凄厉。多吉最小的孩子躺在妻子的臂弯里，一双稚嫩的小脚在空中无助的蹬踏，妻子在小小脚踝的溃烂处挤了几滴乳汁，但依然没有缓解孩子的疼痛。妻子心疼而又无助地抱着哭泣的孩童，嘴里哄着"可怜了，被烫的宝贝。"

不久前，两个小姐姐不小心弄翻了热水壶，滚烫的开水正好浇在了小

| 冬日的藏北无人区

| 每次巡逻，多吉都孤身一人，一路上只有荒原、冰雪和偶尔出现的动物陪伴

| 多吉的女儿在家门口

| 空闲的时候，多吉会亲自辅导孩子们汉语拼音

妹妹的脚踝上。多吉出去巡视，妻子在帐篷外忙碌，等发现时，伤口已经有些溃烂了。

实在没办法，多吉下决心带着受伤的孩子去 80 公里外的县医院让医生看看。骑着他巡山的摩托车去，要天晚才能到达。家只能留给两个刚刚上小学的孩子看管。

医生看完孩子的伤情，责备多吉他们来得晚了，希望他们能让孩子入院治疗。如果伤口再有感染，那就会危及生命。可是家里还有羊和孩子要照顾，而且入冬前，多吉还有巡山的任务，多吉只能求医生给开点药。

从医院回来，吃过药的孩子稍稍安静了些。多吉抽空看了两个孩子的课本，他决定自己辅导两个孩子的汉语拼音。妻子在一旁抱着最小的孩子，黑帐篷里只有他和两个孩子念拼音的声音，连戈壁上的风也停了下来，像是不想打扰这一家难得的宁静。

没过多久，多吉又去巡查了，他一一告别了妻儿，骑着心爱的摩托车出发了。一路上没有人烟，只有荒原、冰雪和偶尔出现的动物陪伴。不过，这次他有了一个新设备——一台长焦相机，这样他会更好地记录下这片动物天堂的变化。

| 羌塘国家保护区是野生动物的乐园，也是多吉的乐园

| 藏戏的传承人次旺多吉

藏戏师傅的心愿

次旺多吉是当地有名的蓝面具藏戏团的团长，今年已经75岁了，他最放心不下的是，26岁的小儿子朗杰是否能够将藏戏传承下去。作为当地有名的蓝面具藏戏团的团长，次旺多吉目睹着这一传统戏剧从辉煌走向没落。

作为阿爸最小的儿子，朗杰一直没有离开过阿爸，没有离开过出生成长的这片土地。他喜欢这片春天长满青稞的土地，喜欢雪山环绕的村庄，也喜欢村庄边的那条奔流的江。

清晨，当屋顶的第一缕桑烟腾空而起，他就跟着阿爸到了江边，"我是国王的儿子，是成大器的人。"阿爸唱一句，朗杰就学一句。阿爸说，水声能衬托人声，是一种天然的舞台效果。如果是夏天，江水流淌的声音更大，不仅可以衬托传唱的人声，还可以积更大的功德。江水把传唱的声音带到更远的地方，就像风吹动风马旗。

藏戏是以藏族民间歌舞为基础发展而来的，最早是以传播佛教故事为主要内容。传说，那个教会藏族人建桥修路的唐东杰布就是藏戏的祖师。一鼓一钹敲击出来的节奏，伴随着藏族汉子粗犷、高昂、嘹亮的歌声，简洁有力的舞步更舞出这个民族坚韧而又勇敢的精神。《文成公主和赤尊公主》《诺桑王子》《朗萨雯蚌》《苏吉尼玛》《卓娃桑姆》《白玛文巴》《顿月和顿珠》《赤美更登》是传统的八大藏戏。而无论是哪一出藏戏，首先出场的是一定是头戴面具、一身盛装戏服、手持彩箭的猎户。

"你现在还没有找到调，没有调就像平常说话一样，这就不是传唱了。"迎着山顶愈来愈深的那一抹红，父子俩踏着风声、水声朝家的方向走去，年迈的父亲想把一生中关于藏戏的经验全部都传给朗杰，而朗杰内心有些压力。村里像他这样年龄的男人大都出外打工挣钱去了，朗杰则选择了在家务农，平时跟着父亲学藏戏。听父亲讲藏戏的时候，朗杰就像一个羞怯的孩子，他努力记住父亲的每一句话，因为他知道，那不仅是父亲的经验，也是世世代代藏戏师傅的心得。

从河边回来的父子俩，把牦牛赶到地里，春天正是播种的好时候。朗杰负责赶牦牛，父亲跟在后面把种子撒在地里。父亲年纪大了，有时会跟不上节奏，就像朗杰现在还跟不上藏戏的调一样。

朗杰不是父亲唯一的藏戏徒弟，村里很多人都跟着父亲学习藏戏，他们有的已经学有所成，是父亲领导的藏戏团的主要骨干。藏戏团不仅为本

│ 藏戏团出发了

村人演出，还要到周边的村子或者寺庙演出。

这两天，藏戏团接到甘丹曲隆村和楞登寺的演出邀请，父亲便逐一给藏戏团的成员去电话，通知他们参加演出。电话一个一个地拨出去，但有的人外出打工，没有时间回来；有的已经参加了别的演出脱不开身；还有的因为其他的事情耽误了。不过，罗布仁增、化堆贡巴、次旺多吉、次旦朗杰都参加了这次演出，两台手扶拖拉机满载着藏戏所需的乐器、服装和道具，所有的演员，以及他们自带的干粮和被褥。

"不要忘了煤炉和锅。"临出发前，父亲再一次提醒装车的人。藏戏团的演出是自发的，并不挣钱，所以，除了演出的行头，所有的日常所需都由团员自己准备。

父亲坐在第一辆车里，嘱咐把唐卡挂在车厢的正面，还要用风马旗围满车厢，这是藏族人出行的必备行头，既是保佑一行人的安全，也是借助高原上的风吹动经幡，积攒更大的功德。

演出的消息早已不胫而走，曲隆村的村民们扶老携幼地聚到一起，围着唐卡坐成一个圈，舞台的中央就是唐卡所在的位置。父亲认为朗杰的学习成果还不足以面对观众展示，所以，他主要负责道具、服装，这也是一个重要的工作，也便于他尽快地熟悉藏戏演出的流程。即便这样，父亲还是不忘抓紧一切机会传授经验，每个腔调、一招一式，一边比划，一边讲解。任何古老的民间艺术都是这样一代代口传身教地传承下来的。

"感谢所有的领导、村民！"朗杰远远地站在一旁，看着身着藏服的父

| 每次演出，藏戏团都要带齐所有日常所需，因为演出是自发的，并不挣钱

亲致开幕词，这些话他早已烂熟于心，但父亲依然一字一顿地说着，就像他第一次听到的那样。虽然，父亲现在已经不再演出藏戏中的任何一个角色，但哪怕只是致开幕词，只是把控整个演出的节奏，父亲也一定要穿戴整齐地站在旁边。

藏戏比重大节日里表演的羌姆形式更活泼、内容也更日常，又比参与性强的弦子和锅庄有情节，所以一直以来都是藏族人日常生活中重要的娱乐节目之一。席地围坐的观众随着演员的表演时而会心而笑，时而捧腹酣畅。这是次旺多吉最乐意看到的，因为这说明他们的努力得到了观众的认可。后台，朗杰则偷偷戴上面具，逗趣村里的小孩子们。

"我们演藏戏的收入是村民送的粮食，不管收到多少或者没有收到，都要认真地演，不能抱怨。"

夜深了，辛苦一天的演员们都睡了，明天还有一天艰苦的路途和演出。父子俩就着透进窗户的微弱月光聊着天，腼腆的朗杰总是默默地听着，很少插话。

"我今年已经75岁了，随时都可能去了，"听到父亲这样说，一直沉默低头的朗杰不禁抬眼看了看父亲。在他的眼里，父亲的确老了，头发和胡子都已经白了，背也驼了，但身子还挺硬朗。

"把藏戏传承下去就是我的愿望，父亲传儿子，师傅传徒弟，一直传下去。"在静谧如谜的星空下，父亲苍老的声音传得很远很远。

楞登寺的演出除了吸引了寺里的喇嘛外，也吸引了周边的村民。这次，次旺多吉决定让朗杰也加入演出中，让他先参与群舞，跟在第一位藏戏演员的后面，一边模仿一边积累经验。

| 藏戏形式活泼，又有丰富的情节

| 来源于民间歌舞的藏戏有着轻松诙谐幽默的一面

次旺多吉也在旁边不断地提醒朗杰："不要躲在别人的后面，要机灵点。"朗杰很高兴有了上场的机会，虽然有些小瑕疵，但他全程都面带微笑，虽然有点怯生生，但他的笑容很温暖，就像高原上的阳光。

"好好说唱和歌颂一下我的棍子，早上一起陪我起床，晚上陪我一起睡觉，是我翻山的梯子，是我过河的桥，环游世界的伙伴，是我工作的助手。"来源于民间歌舞的藏戏有着轻松诙谐幽默的一面，它的民间气质也是始终被藏民们喜欢的原因之一。

"祝愿像我一样的佛教徒，不受干旱的灾难，每年都会丰收。为了这些我们进行吉祥的祭祀，索~~~索~~~佛祖永盛！"次旺多吉带领演员们以这样的吉祥祝福结束了演出。

老树下，次旺多吉盘腿席地而坐，而且念念有辞地在面前的黑板上写下藏戏团这两天演出的收入清单：啤酒两箱、酥油 13 斤。生活在高寒地区的藏族一生都离不开酥油，酒也是这个民族比较热衷的饮品。如今的观众不再以粮食作为给演员的报酬，而是改为啤酒、酥油一类的东西。"我必须公布所有的收入，而且平均分配给每一个人。每人 4 罐啤酒、1 斤酥油。"

以现在的收入水平，外出打工，一人一天收入 240 元是完全可能的，所以很多人不愿意参加藏戏演出。

次旺多吉经常说："我们演出不是为了收入，如果只是为了收入，打工能挣得更多。只要大家愿意看我们演出，就算没有收入也要认真负责地演。"

脚边堆放着啤酒和酥油的演员都安静地听着，他们能放下手中的农活或者放弃打工的机会，跟着次旺多吉来演藏戏，肯定是认同他对藏戏的热爱，

| 观众随着演员的表演时而会心而笑，时而捧腹开怀

| 藏 戏 |

据传，藏戏起源于 600 多年前，脱胎于西藏藏戏的还有青海的黄南藏戏、甘肃的甘南藏戏和四川的色达藏戏，所以，藏戏又被称为藏文化的"活化石"。从宗教艺术中分离出来的藏戏，以唱为主要表演形式，还有诵、舞、表、白和技等不同的程式，相较宗教艺术而言，表演更为生活化。

藏戏分为白面具戏和蓝面具戏，还有独角戏，但演员基本不化妆，都是戴着面具表演，以蓝面具藏戏为主流。蓝面具戏又因地域差异而形成了觉木隆藏戏、迥巴藏戏、香巴藏戏、江嘎尔藏戏四大流派。演出一般有三个部分：第一部分为"顿"，也就是序幕，第二部分"雄"为正戏部分，第三部分的"扎西"意为告别祝福。

噶举派高僧唐东杰布被奉为藏戏鼻祖，在他主持营建据说是西藏的第一座铁索桥时，在民工中发现了七个能歌善舞的姐妹，遂在白面具戏的基础上发展成了藏戏，所以藏语里藏戏被称作"阿吉拉姆"，意思就是仙女。17 世纪以后，藏戏已经形成了一套系统完整的艺术形式，成为中国戏曲中的一个特有的剧种。

对传统的传承。但是，次旺多吉仍然鼓励大家要意志坚定。

演出结束后，次旺多吉带着朗杰来到了拉萨。他们此行不止是为了拜谒布达拉宫，还因为要给朗杰制办一身新的行头。如今，边远地区的人们也开始接受更为简易的现代服装，藏戏的戏服因为制作复杂，会做的人已经越来越少了。次旺多吉知道，世道已经变了，外面的诱惑也多了，如果没有坚定的意志，藏戏的演出也会举步维艰的。

服装店里，那套猎户的戏服和面具，次旺多吉还算满意，但是缺一根彩箭。在所有的藏戏中，猎户都是第一个出场的，他头戴面具，手持彩箭，昭示着一出藏戏的开始。次旺多吉希望猎户的戏服和面具能尽可能完美。试穿戏服的时候，次旺多吉认真仔细地给朗杰示范了猎户出场的步伐和唱调。夸张的面具完全遮住了朗杰的脸，他只能透过面具上镂空的两只眼睛看着父亲，戏服让他的动作更显生疏和笨拙，但看得出来，他的一招一式都用心。

| 所有藏戏中，猎户都是第一个出场的，昭示着一出藏戏的开始

在当惹雍错和达果雪山前煨桑的边巴

文部南村的笑容

　　羌塘高原的腹地，是古老的象雄王国故地，也是苯教的发祥地。坐落在王宫遗址 30 公里外的文部南村，面对着美丽的当惹雍错和连绵不绝的达果雪山。在文部南村村民心里，那是苯教的神山和圣湖。

　　这些年，越来越多的外地人来到文部南村，他们被眼前的风景迷住了，有的人还留了下来，住进了村子里的家庭旅馆。

　　离旅游旺季还有三个月的时间，边巴想在村头的空地上竖一个巨大的广告牌，让旅游车一拐弯，看到的不仅是湖光山色，还看到"有个美丽的地方叫文部南村"，这样就会有更多的人进村子，住进家庭旅馆。

　　边巴找来画了 7 年画的弟弟石秀平措帮忙。"以前你只是在村里的门头上画云彩，现在你可以把你的云彩画给全世界看。"但这个想法得先得到村

| 雍仲奶奶满是褶皱的脸被高原的太阳晒得黝黑黝黑的

长的允许。

村长十分不理解："没有利益、没有私心，你自己花钱在这里竖个牌子，是不是有病？"

不过，最终边巴还是说服了村长，他只是希望通过这个牌子让更多的人知道文部南村，然后有更多的人来这里旅游，住进家庭旅馆。

边巴兄弟二人又一起到文部寺拜访了正在闭关的苯教上师旦巴江村，请上师卜算立广告牌的动土吉日，上师还答应派僧人在立杆动土之前做一场法事，以避免打扰土地神并且驱邪祈福。

因为经费有限，边巴与老板斗智斗勇，花了800元买了三根城里淘汰的电线杆，接下来，就是广告牌上的内容。"小才子"把佛塔、达果雪山、当惹错和文部南村房子画在一起，但这不是边巴想要的。

边巴认为，如果画上的内容和眼前的一样，人家为什么还要看你的广告牌？每个村子都有自己的特点，而人在这里面是最重要的因素，外来的人一看到人的笑脸，都想知道这背后的故事，就会停车进村，然后就会住下来。比如，顿珠的孔雀舞、雍仲奶奶的做梦占卜，还有旺堆家的神奇帐篷。最终他们决定要把文部南村人的笑脸放在广告牌，让外面的人第一眼看到他们的笑容，就看到这个充满欢笑的村子。

边巴决定先从采访雍仲奶奶开始。

这位穿一身吉祥白袍的八旬老人，满是褶皱的脸被高原的太阳晒得黝黑黝黑的。她总是一脸笑容地坐在自家门前，等着村里有难处的人来找她帮助，而她几乎不会让人们失望。

| 文部南村面对着美丽的当惹雍错和连绵不绝的达果雪山

老人讲述着自己的故事："三十多年前的一天，我家的羊跑丢了，晚上我梦见那只走丢的羊跟我说，它想回家。第二天，顺着梦里的提示找到了羊。以后就总是做梦，做了数都数不清的梦，而且梦见的都成了真。我梦见穿着用孔雀羽毛做成衣服的斯巴嘉姆仙女，她很美，头上还戴着花，说着苯教的古老语言，她能呼风唤雨，是苯教的守护神。是她告诉我这一切。"老奶奶的笑容充满了幸福和吉祥，虽然，张开嘴她已经没有一颗牙齿。

边巴想到的第二个人是旺堆。

现在村里人都建起了新房子，开起了家庭旅馆，没有人愿意再住在冬天没有暖气、四处漏风的帐篷里，但旺堆却一直守着他家那顶传了四代的黑帐篷，几乎成了村里的一景。这顶黑帐篷看上去跟别的帐篷没有什么区别，只是顶上有面红色的旗子，旺堆说，那是帐篷的护身符，也是神仙娜娜的衣服。这位神仙是一棵头插红旗的古老柏树，守护着村庄和村里的牛羊，是村里人都敬重的神。

"这顶帐篷传到我已经第四代，我生下来就住在这里，所有的事情都发生在里面。虽然它已经又老又破，但有着神奇的力量。爷爷和爸爸都告诉我，不能拆掉它，否则会有人生病或者死掉。有一年，我拆掉帐篷，然后就生了一场大病。搭建帐篷的时候，一切都十分顺利，牛羊也生了很多崽。我今年 60 了，不知道还能活多久，但家人平安，今年孙子还考上了高中，我觉得特别幸福。"笑容荡漾在旺堆的脸上，那张饱经高原风霜的脸，安详而又满足。

"索哦呀啦，

| 顿珠的孔雀舞是文部南村的一张名片

我是最美的孔雀，我来自天堂一个美丽的地方，

我是吉祥的孔雀，把美好带到人间，

我是聪慧的孔雀，我知道所有的秘密和通往未来的门，

我会带你进入最美的未来。"

顿珠的孔雀舞是文部南村的一张名片，他甩着长长的袖子，唱着高原的民歌，在 5000 米的高原上跳着这种很少人会跳的仿生舞。落晖照在他的身上，仿若一只开屏的孔雀落在了湖畔。

"笑起来，露出你的金牙。"镜头后面的边巴说，有些气喘的顿珠笑得更欢了。

几天后，有着雍仲奶奶、旺堆和顿珠笑脸的大广告牌在湖边立了起来，车还在很远的地方，人们就会看到这个充满笑容的村庄，上面还有一行大字：欢迎来到文部南村。

据说，"文部"藏语的意思是"牛奶泡"。沸腾的牛奶鼓起来的泡，消失又鼓起，鼓起又消失，就像象雄古国和古老的苯教，在历史长河中大起大落，命运多舛，但文部村人笑迎每一天，笑迎生命中的每一个日子。

| 旺堆家传了四代的黑帐篷是村里一景

| 人们终于可以看到这个充满笑容的村庄

赛马冠军诺拉

日土赛马会的骑手

日土是一片被湖泊环绕的土地，半牧半耕是这里的传统。日土的马和骑手在整个西藏是首屈一指的，大大小小的比赛中，日土算是得奖专业户。不过，现在因为搞旅游，公路修到了村口，汽车也取代了骑马，这里的年轻人到外面打工上学的越来越多，有的人可能就再也不会回到故乡，回到马背上了。

43 岁的诺拉曾经是远近闻名的骑手，连续几年，他都是赛马会上的冠军，只要他一出场便无人能敌。但是现在，他觉得自己不年轻了，希望 20 岁的儿子洛桑能够接过他的荣誉。成为草原上优秀的骑手是一个男人无上的光荣。

一连几天，诺拉都在训练儿子的骑术，希望他在不久之后的赛马比赛中一举夺冠。

西藏一年中有很多地方有赛马活动，尤其是藏历五六月，大地返青、格桑花开，骑手们都要聚在一起切磋技艺。竞速跑马是赛马中的第一项，将由冠军带领所有的骑手向观众致意。接下去是花式表演，就是传统的拾哈达，骑手必须在疾速奔跑的马背上，俯身拾起平摊在地上的哈达，拾到最多者方为获胜者。这一项最考验骑手的胆识和技术，也是这些天诺拉一直对儿子进行训练的项目。

"快拿到哈达时，别把马嚼子拉得太用力。"诺拉跟儿子说。

虽然心里明白，但是要在飞奔的马背上全身放松，两手都放开缰绳，俯身去抓起地上的哈达，儿子心里还是害怕。

"身体往下倒的时候不要害怕。心里害怕是不行的，要想着哈达。"诺拉对马背上的儿子说。已经跑了几圈都以失败告终的儿子有些灰心，他是第一次参加赛马，对于拾哈达这个环节，心里始终没有底。但是诺拉不允许他放弃，他把这次赛马看成是儿子成长为一个真正男人的仪式。"一匹马、一杆枪、一把刀"曾经是牧区男人闯世界的所有装备，他要看着儿子继承草原男人的传统，希望在儿子的身上看到传统的延续。

第二天，训练继续进行，尽管洛桑表示想要放弃，但诺拉还是不同意。"不吃苦，就不可能做到。"他翻身上马亲自为儿子进行示范。"骑手要跟马成为一体，稳住自己的身体，不要往前倾，这样就能完成动作。那时候，我拾起所有的哈达，肩上都挂满了哈达。"那是诺拉骑手生涯中最辉煌的时期，他还记得人们的欢呼喝彩，也记得对手对他投来的佩服与尊敬的眼神。

| 半牧半耕是日土的传统

| 日土是一片被湖泊环绕的土地

村子的另一头，几位参赛者聚在一起选羊杀羊，准备做传统日土大餐。大家都在猜测第二天的比赛谁会得到冠军，是诺拉，还是骑着好马匹的格桑。

格桑是村里另一位赛马高手，也是往年诺拉最强劲的竞争对手。虽然诺拉是往届冠军，可是格桑对自己很有信心。在他看来，诺拉的马太老了，会严重影响诺拉的水平。格桑还要儿子去看自己赛马。儿子问为什么？格桑说："因为赛马是男人很重要的事。"

比赛当天，随着一阵鼓点声起，骑手们开始在寺庙下煨桑，这之后比赛便正式开始了。第一项是竞速跑马，选手们排成一排站在土线后面，随着裁判的口号，骑手们纷纷冲了出去，骑着马向终点跑去。一路烟尘滚滚，有的掉队了，有的冲到了前面。当第一匹马冲过终点线后，观众群里一阵欢呼，今年赛马的冠军产生了。等到所有马匹到达终点，便由冠军带领着马队进行花式表演，向观众致敬。

第二项比赛是马上拾哈达，也是诺拉带着儿子练习了很久的项目，而诺拉也一直是此项目的冠军。今年父子齐上。作为冠军诺拉第一个出场，发挥稳定，除了两条哈达，其他的都拾了起来。而儿子因为经验不足，没有取得好的成绩。不过最终，诺拉的竞争对手格桑以一条哈达的优势超越了诺拉，成为今年赛马节的黑马。

赛马会结束了。诺拉和儿子牵着马走在回家的路上，背影有些落寞、有些萧瑟，但仍不失坚强。

| 诺拉在雨中训练儿子的骑术

| 赛马会 |

　　赛马会是藏北地区最重要也是最盛大的传统节日，每年藏历六月举行，为期5~10天不等，以那曲的藏北赛马会规模最大，当雄和定日也有赛马会。赛马、射箭，以及各种马术表演是传统的项目，各地的《格萨尔》说唱艺人也会前来演出，另外，就是大型的物资交流活动。赛马会早在2008年就进入了国家级非物质文化遗产名录。

　　另一个与马有关的节日是江孜的达玛节，但这个节日起源于祭祀白居寺和白居塔修建者，是从最初的宗教活动为主的节日演变成了赛马为主的节日。这个节日从藏历三月三十开始直到四月十八。

心 · 愿

多吉扎巴和他的八户人合作社

多吉扎巴的制鞋生意

见多吉扎巴在灯下纳鞋底，老阿妈笑得脸上的皱纹都挤在一起，"小心锥子扎了手。"她用手掩着掉光牙的瘪嘴，忍不住地乐。多吉扎巴说要去拉萨卖掉鞋，阿妈笑得更厉害，她不相信外面的人会稀罕他们的牧靴，那都是牧民冬天为了保暖才穿的，城里人怎么会喜欢。她一边笑一边摇头。

位于冈底斯山和色林错之间的申扎县是典型的藏地牧区，这里的牧靴自古就有名气，这不，牧鞋制作被批准为县非物质文化遗产项目。多吉扎巴是申扎县下过乡四村的村支书，也是传统牧靴的制作传承人。当年，多吉扎巴的父亲就是纳仓部落有名的手艺人，多吉扎巴从父亲那里学到了制作藏鞋、藏袍的手艺。为了保护传统技艺，他联合了八户人家组成合作社，制作传统牧靴、服饰、头饰。

现在大家都愿意穿外面来的胶鞋、运动鞋、登山鞋、皮鞋，特别是到外面上学回来的孩子们，回来就找家长要钱买阿迪达斯、耐克什么的。在多吉扎巴看来，这些鞋是好看，穿起来是方便，但是怎么都不如藏靴暖和。藏靴都是用上好的羊毛、牛毛纺成线织成材料，外加上好的皮做成的，每一针每一线都很讲究，松了容易开，紧了穿在脚上不舒服。一双靴子一个熟练的工匠要 7 天才能做好，穿着靴子，冬天就不会冻脚。

这天，多吉扎巴召集做鞋小组的人开了个会，"让你们来开的这个会是关于我们手里做靴子的技术。我们有技术，但一直都没有传播出去，靴子卖到附近，一是范围小，另外人数也少，所以，我们应该把靴子卖到拉萨，至少也要卖到那曲。"

卖鞋这事自从成立做鞋小组，多吉扎巴就已经在想了。他想打开销路，让更多的人知道他们的牧鞋。在他看来，做鞋本来只是藏族人的习惯，但是如果做好的鞋不只是给自己穿，而是卖出去，就能增加一些收入。按距离来说，申扎离日喀则和那曲要近一些，但拉萨的人多，应该更容易卖出去。只是拉萨远，刚刚组建的这个团队也没有什么资金，连做鞋的材料都是大家凑钱买的，况且也没有自己的交通工具，如果去到拉萨卖不出去，那么每个成员都要蒙受损失。所以，多吉扎巴今天召集大家不是为了做鞋，而是要讨论如何将做好的鞋卖出去的事。

多吉扎巴和大家说："我的意见是去拉萨卖我们的鞋，而且就在新年前后去，这个时候拉萨人多，如果能卖出去，我们就能把做鞋的成本挣回来。"

见大家对卖鞋的事没有太多的反应，多吉扎巴接着说："我同意去拉萨

| 每个人都在为藏历新年的卖鞋行动赶制牧靴

卖鞋，即便赚不回本钱，我也没意见。"

团队里比较年轻的达娃先表达了自己的意见，随后大家也就七嘴八舌地表示了同意。接下来是价格问题，以前卖一双牧靴相当一只羊的价钱，现在羊的价格是 1000 元左右。而 1000 元让大家感觉太贵了，他们为销路感到一丝惆怅。

由于藏靴很难作，费时费料，而且现在原料都不好找了，又是全手工制作的，如果还按卖给牧民的价格 500 元大家肯定是挣不到钱的。多吉扎巴说："我们去拉萨卖也是为了把我们的鞋传播出去。"大家讨论后决定把靴子的定价一双 800 元，然后每家做一双，一共八双。

"我们要有信心能卖出去，今年去拉萨卖，明年就卖到国外了。"多吉扎巴的话引来一阵笑声，这里面有兴奋，也有质疑，毕竟，这种事在村里还是头一遭。

第二天，多吉扎巴又召集了村民大会，家家户户地出了代表，围坐在村前的空地上。

多吉扎巴说："大家早上好。今天是总结大会，上一年村里的畜牧生产取得了一定的成绩，但是手工艺方面，按收入来看成绩一般，但是制作藏靴是对民族文化的传承，是一件非常有意义的事，现在牧靴还成为县级非物质文化遗产项目，我们更有责任让这个传统手艺得到复兴和发扬。现在我们决定做八双鞋，卖到拉萨去，这也是为了让我们的牧靴让全世界都知道。希望得到大家的支持。"多吉扎巴的话赢得了大家的掌声。

接下来，多吉扎巴和其他做鞋小组的成员都开始着手做鞋纺线、编制

| 每一双牧靴都是一点一点纯手工裁制而成的

氆氇，将羊毛絮揉成纳钦（靴筒中间的羊毛毡），把买来的布吉（彩色的羊毛毡）缝到一起，用羊毛线编制成塔兰（鞋边），再将买来的紫色羊毛毡剪成桑铗（鞋面前部的两个尖儿），用羊毛线编织成巴垒（鞋边上面的一整条筋线），把买来的红色羊毛毡剪成东夹、蓝色和绿色的羊毛毡剪成东臼，而靴筒最中间的五色那渣是用买来的五彩的羊毛毡制成的，这些小块儿从下往上依次代表：幸福、快乐、痛苦、幸福、快乐、痛苦、幸福、快乐，而小块儿的数量不能是3、6、9，最后把牛皮晒干、鞣好，剪出斗罢（鞋底）的形状，最后缝制到鞋边上，一双叫希布察的牧鞋就是这样，一点一点纯手工裁制而成的。

见多吉扎巴在灯下纳鞋底，老阿妈笑得脸上的皱纹都挤在一起，"小心锥子扎了手。"她用手掩着掉光牙的瘪嘴，忍不住地乐。

"看我做得好不好？"多吉扎巴把鞋递给阿妈看。

"好，挺好，比我脚上这双好。"阿妈继续打趣道。

"等我从拉萨回来也给你做一双。"

听到多吉扎巴他们要去拉萨卖鞋，阿妈笑得更厉害，她不相信外面的人会稀罕他们的牧靴，那都是牧民冬天为了保暖才穿的，城里人怎么会喜欢。她一边笑一边摇头。

经过几天的连夜赶制，多吉扎巴他们终于在藏历新年到来的前夜制作出了8双精美的牧靴。新年第一天，按传统的方式，每家都要煮一大锅的肉，要做糌粑，还要洗头，一家人还要围坐在一起祷告。然后，多吉扎巴一行两人带着八双牧鞋，带着全村人的期望踏上了去拉萨卖鞋的旅程，那一天

｜ 很多人都对多吉扎巴的牧靴爱不释手

大家都来为他们送行，祝他们好运。

到了拉萨，多吉扎巴他们先五体投地地拜了布达拉宫，然后用一辆独轮车推着八双牧靴去了八廓街——这里不仅有大昭寺，而且整个西藏的商人都会在这里出售自己的货物，这些年更是外地游人必到的地方之一。

"八廓街的房子真好看啊！左边的好看，右边的也好看。"看着晨光中的八廓街在桑烟的薄雾中曲径通幽，多吉扎巴不由地感叹道。然后，他俩找了个地方停上车，开始叫卖。

"这些是我们的共同成果，我们一定要努力卖个好价钱。"

说着已经有人围了上来。

"这个牧鞋做得很好啊，靴子的形状多像月亮。"一个穿冲锋衣的藏族人拿起鞋很在行地评价道，然后，他放下靴子，手伸进了自己衣服口袋里，但令多吉扎巴他们失望的是，他掏出来的是手机而不是钱包。喇嘛、年轻的藏族汉子、年老的妇女都围过来，拿起靴爱不释手，感叹了现在的人都不会做鞋，但最后询问完价格后便离开了。

随着人群逐渐离去，多吉扎巴和乡亲开始有些焦急了。周围有好心人告诉他们可以到一个冲康赛的市场上卖靴子。他们犹豫着是不是也去那个市场试试，最终多吉扎巴决定还是在八廓街继续碰运气。多吉扎巴突然想到一个办法，把一首大家都熟悉的民歌改成卖鞋的内容，和乡亲一起唱了起来。这招还真好使，一会儿就吸引来了许多游人。

"能不能便宜得卖给我？"一个年轻的姑娘说着好听的普通话问，多吉扎巴看得出来，她有些喜欢这双鞋。

| 晨光中的八廓街在桑烟的薄雾中曲径通幽

| 多吉扎巴他们五体投地地朝拜布达拉宫

"600 元，行吗？"她讨价还价道，"以后，你们去天津旅游可以来找我，我请你们吃天津的狗不理。"

旁边看热闹的人越来越多，见多吉扎巴没有说话，姑娘开始掏钱。这是一个开张生意，姑娘高兴地离开了，也给了多吉扎巴一定的信心。接下来，生意一单接着一单，还有人问多吉扎巴要联系方式，希望以后能一起合作。两个金头发的外国人，甚至一付完钱就立马换上牧靴走起来，这双鞋使得他们在八廓街上特别显眼。

卖掉最后一双鞋，多吉扎巴他们走进了大昭寺，那里供奉着释迦牟尼的十二岁等身像，他们要去感谢佛祖保佑，要去为村里的人祈求新的一年健康平安。

| 看热闹的人越来越多，生意一单接一单，多吉扎巴悬着的心终于放了下来

| 乌尔朵传人边巴

羌塘草原上的乌尔朵比赛

虽已早春二月，但羌塘草原依然寒风凛冽，晨雾像给草原披了一层白纱。每年五月当草返青的时候，这片西藏面积最大的传统牧区开始热闹起来。

赛马节是羌塘草原一年中最重要的节庆之一，就像一张发往世界的请柬，每年这个时候，赛马节的草原上人声鼎沸、牛羊满布。然而，藏历新年更是一年伊始的象征，家家户户为此早早开始着手准备。

"从被窝里爬起来，开会啦！"清晨的凉意还没有褪去，村长已经召集村委会的成员开会，因为今天他有一件重要的事情需要跟大家商量。

"藏历年快到了，我们办个比赛吧！"村长有些不好意思地开口，毕竟这个时节，家家户户都为迎新年忙得不亦乐乎。"在党中央的领导下，我们的生活越来越好，在这样一个喜庆的节日里，我们搞个乌尔朵的比赛，你们看如何？"其实，这个比赛是边巴老爷子提出来的，他是乌尔朵（投石带）制作工艺的传承人。乌尔朵是牧民们放羊时用来投掷石头以控制羊群方向的绳子，每一根都是牧民用羊毛手工编织，纹饰精美、制作讲究。

"乌尔朵"可以说是一种古老的武器，早在聂赤赞普时代的牧人们，就用羊毛线来编织乌尔朵。毛线编织一段约 1 米半长的绳状物，中间对折部位编有一个小兜，一端则编有一个小环。使用时，将一端的小环套在中指，同时握住另一端的末梢，小兜则装着石子，挥舞乌尔朵，松开末端，借助惯性将石子便投向目标，用以聚拢羊群或者驱赶狼群。在某些特定时期，乌尔朵也能充当武器。在反抗英国侵略时，乌尔朵就发挥过功不可没的作用，至今西藏还流传着有关乌尔朵赶走侵略者的歌谣。

现在牧区人不仅骑摩托车放牧，有时也用步枪一类的武器来保护羊群。"我觉得这个比赛可以年年办，办到县里、市里，让传统发扬光大。"村长接着说。大家纷纷表示赞同，于是开始商量应该用什么奖品来表彰获胜者。

"瓜果梨桃、酥油奶渣，再加几袋大米、三箱酒。发些好吃的。"有人提议。

"买东西太麻烦，而且像过日子。还是发几张红红的票子吧。"有人反对说。

"还是发羊吧，一公一母，还能生小羊。这才是发'羊'光大呢。"另外的人提出了新的方案，而且把村长"把传统'发扬光大'"的意思也包括了进去，虽然略略带有些戏谑，但羊对草原人来说，的确意味着一笔不小的财富。

于是，村长拍板，确定了发"羊"光大的提案：冠军三只羊，亚军二只羊，第三名一只羊的奖励方案。

村长补充道："就这样定下来了，不许耍赖。"

┃ 乌尔朵是牧民们放羊时用来投掷石头控制羊群方向的绳子

┃ 最小的选手

"那靶子有多远呢？"这时才有人意识到，比赛规则才是最重要的。一百步还是五十步，这在牧人来说，可不像"五十步笑百步"那样简单。一百步能打中狼的，基本都是用步枪才能办到，而一个经验老到的牧人用乌尔朵打中狼，最好成绩也就五十步这么远。

"比赛第二，公平第一。"这是村长定下的比赛原则，所以，不论男女老少，每个人只能有一次机会，打中的进入复赛，然后还是一次决胜负。这个规则不是村长以权压人定下来的，而是一群人经过实际操作定下来的，因为连经验最丰富的边巴老爷子也只能在五十步的距离中击中目标。

"村子里所有人都可以参加这次比赛，这个主意是我出的，我当然要参加。"回到家，闻讯而来的儿子问边巴村委会的决定，边巴回答说："第三名都能得一只绵羊哦！"这个消息让儿子跃跃欲试。"那我也要参加。"他肯定地说。

为了帮助儿子在比赛中获胜，边巴决定给儿子做一个新的乌尔朵。从用羊毛纺线开始，编织、缝制，一个经验丰富的牧羊人都深谙其中的秘密，松紧疏密关系到投掷的精准程度。当然，练习也是必不可少的。连边巴老爷子也在家门口放置了空桶，作为投掷目标加以练习。

一年一度的乌尔朵比赛开始了！男女老少公平比赛，每人打一次，初赛打中的晋级复赛。这天，草原上的风依然很大，但大不过人们参加比赛和观看比赛的热情，村长敲锣宣布了乌尔朵活动的开始，"团结、进步，干杯！"人们高呼着，不远处是六只披红戴绿等待着获奖者领回家的绵羊。

"上靶子。"随着村长的号令，两个小伙子抬上了一只汽油桶，他们把这个被称作靶子的油桶放在五十步远的地方，这时人群发出了一阵哄笑。

| 乌尔朵比赛的奖品

因为这只被提前涂成淡蓝色的桶上面画了一只大大的灰太狼。这个深入人心的卡通形象，更增加了整场比赛的幽默感，也消解了比赛给选手带来的紧张和压力，但乌尔朵的目标也的确应该是一只狼。

"瞄准了，不要让这只狼跑了。"村长的声音从手中的喇叭里传了出来，"准备好了，弹了。"当当当，村长即是这场活动的主持，也是解说，"打乌尔朵的时候，把胳膊从袖子里拿出来喽！""加油啊！想要打得准，袖子卷起来。""瞄准了，别打了人。"同时，村长还是场外教练。

此时，既是村民又是选手还是观众的人群热血沸腾，一位个子矮小的村民手拿乌尔朵走出人群，"我们的种子选手上场了，别看他个子小，但他可是很厉害的选手。"果然，种子选手不负众望，旗开得胜。人们被鼓励着，纷纷上场，记录员在一旁认真地记录着大家的成绩，女将们也不示弱，表现出巾帼不让须眉的气概。

意想不到的事情发生了，人群中走出来一位穿藏袍的幼童，他手里也有一根与他身高相配的乌尔朵，人们的笑声中有赞许也有鼓励，这实在是一位令人意外又惊喜的选手。"我的天，还没有乌尔朵高呢。"虽然，他没能与成人一样，打中五十步外的灰太狼，但他的行动鼓励了其他的孩子，他们纷纷举起了手中的乌尔朵。

边巴老爷子和儿子都进入了复赛，可惜，他们都没能坚持到最后。矮个子种子选手最终力压群雄，牵走了三头顶着红绸的绵羊。

不过，这并没有打败边巴老爷子的信心，他继续在空闲的时候练习乌尔朵，因为德仁村将每年举行一次乌尔朵比赛，他依然有机会。

这是比赛，也是向传统致敬。

| 乌尔朵大赛沸腾

| 改则服饰是拉萨王妃穿过的样式

非遗传人索南白吉的坚守

改则人也开始穿流行的时装，可依然有老一辈人坚持制作和穿着传统的改则服饰。他们骄傲的宣称，这是格萨尔王妃穿的样式。改则的森郭服饰的非遗传人索南白吉就是这样的坚守人之一。

服饰与民居一样都是因居住环境而产生的，藏族自古生活在雪山环绕、江河奔涌的"世界屋脊"，高寒是这个地区最主要的气候特征，而离天最近的距离又让这里的人民有着非凡的想象力和创造力，也形成这里独特的审美情趣。

传统上，藏区被分为卫藏、安多、西康，但生活环境和生产方式也存在很大差异，所以藏族服饰的类型极为丰富。以地域来说，有农区和牧区之分，按生活方式区分，农村和城镇的服饰又存在差别，如果以个人身份地位来说，平民、僧人和达官贵人也有完全不同的类型区分，但藏族服装给外人的总体印象却是长袖、大襟、肥腰，尤其是右衽长裙、束腰和毛皮材质最为突出，而这仅仅是服装部分，帽子、靴子、发饰、腰饰、佩饰、胸饰类型更加令人眼花缭乱，按性别和年龄的不同，有着严格的区分。总之，藏族服饰是一个色彩斑斓、绚丽夺目的世界。

海拔4700米的改则县位于藏北高原腹地，这里曾经是象雄王朝和古格王朝故地，两个王朝都在藏地历史上留下过辉煌和灿烂的文明，却又神秘地消失了。两个王朝的历史发展轨迹至今依然是一个引人入胜的巨大谜团。

今天的改则县有三个部落，其中森郭是原住居民，有着古老的部落文化传统，森郭服饰就是其中之一。因高原地区寒冷，早晚温差大，森郭部落的牧民早先用羊皮制成长袍来御寒，后因部落女王森姜卓姆升天时穿一袭带有一对彩虹一样鲜艳翅膀的长裙，后经演变，形成色彩鲜艳的森郭服饰，至今已有1000多年的历史。

58岁的索朗白吉生活在距县城40多公里外的麻米乡古昌村，这里是森郭服饰的起源地。索朗白吉是制作森郭服饰的传承人。她告诉自己的孩子们："我们生长的地方曾经只有七户人家，这里离天很近，我们唱歌跳舞，生活很快乐。"

从来没有离开过家乡的索南白吉，现在跟大女儿才旦卓玛一家生活在一起，被授予非遗传人称号之后，索南白吉决定给在昆明读大学的小女儿仓觉做一套真正的改则服饰，虽然她远在云南的昆明念书，毕业以后也不

| 索朗白吉是制作森郭服饰的传承人

| 索南白吉决定为远在昆明念书的小女儿做一套真正的改则服饰

知道会不会回到家乡。"这是她自己的选择，她想留在那里也可以，但是要让她记住家乡，穿上一身属于家乡的服装。"

"我什么时候才能见到姑姑啊？"孙女曲珍问。

"等衣服做好了，就能见到姑姑了。"

小姑娘不知道，做一套传统的改则服饰是一个漫长的过程。为此，才旦卓玛也来帮忙，她为仓觉妹妹感到骄傲。

"她应该还没有谈恋爱吧，她还是个学生。"她希望妹妹能好好念书，以后留在大城市，做个有出息的人。

以动物毛皮为主要材料的改则服饰能适应藏北高原严寒的天气，缀着白色绒毛的筒状皮帽则更显少女的甜美和俏皮。衣服上一定要缀有红、黑、蓝、青、绿这五种颜色的布料，五色代表彩虹，也是藏族人心目中的仙女。卓姆王妃就是穿着这样的服饰升天的，热爱王妃的改则人都以穿这样的服饰为荣。

"美丽的姑娘在岭国，她往前一步能值百匹骏马，她后退一步价值百头肥羊。冬天她比太阳暖，夏天她比月亮凉，遍身芳香赛花朵，蜜蜂成群绕身旁。"在史诗《格萨尔王传》里，王妃的篇幅并不多，但作者为她不吝溢美之词，可见她在藏区人民的心目中有着十分重要的地位。

衣服做好的那天，索南白吉没有食言，她带着孙女曲珍，先乘车到达了拉萨，然后从拉萨乘飞机去到昆明。

"原来飞机长这个样子啊。"她俩都有些兴奋，头一次乘飞机竟然没有

｜ 索南白吉的孙女特别开心，因为等衣服做好，她就要和奶奶一起去昆明看望姑姑了

丝毫的害怕和不适。

终于见到仓觉时，仓觉是一身典型的城市姑娘的打扮。"妈妈，你们怎么来了？"刚刚下课的仓觉还没来得及放下手中的课本，看到妈妈和外甥女，又惊讶又开心。一听妈妈为自己做了一套传统的改则服饰专程送过来，仓觉迫不及待地穿上妈妈亲手做的改则服装。

祖孙三代在灯火繁华的都市，穿上如彩虹般美丽的传统服饰，笑靥如花，古老森郭的色彩与图案犹如一首古代的谣曲。"一定要延续我们的传统，让它一直留存下去。"

穿着妈妈亲手制作的改则服装的仓觉觉得自己一下子变成了高原上那个最美的姑娘。

| 改则服饰中缀着白色绒毛的皮帽更显少女的甜美和俏皮

| 三位奶奶很很开心能将自己的美容秘方分享给大家

美容养颜的札达面膜

卓嘎、白玛、曲珍是札达托林村为数不多的高龄高人，她们偶尔会聚到村边喝茶、说笑。她们是很多年的闺蜜，每天都会用自制化妆品涂脸。

阿里在旅游者的心目中，不仅有神秘的古格王朝，还有大片的沉默地守候着一个个远古秘密的札达土林。那是一片受远古造山运动影响，湖底沉积的地层长期受流水切割，并逐渐风化剥蚀，从而形成的特殊地貌。土林里矗立着大片高低错落、高达数十米，千姿百态的树木状土质林木，而距今100年前，这里曾经建立过强盛一时的古格王朝，如今，仍有残垣断壁在描述着当年的恢宏与不可一世。

札达托林村流传着一种古老的美容秘方——普尔姆护肤膏。用一种名叫普尔姆的草，等草枯黄时采摘回来，加水反复熬成红褐色，用纱布过滤，形成红褐色膏状物，用时涂抹在脸上即可。村里的白玛曲珍、曲美卓嘎和次仁曲珍三位老奶奶都很擅长制作这种传统、天然的护肤品。虽然这种护肤膏涂抹在脸上时黑亮亮的，有些奇怪，但是，往脸上涂普尔姆是札达人祖祖辈辈的习惯，夏天防晒冬天防风。奶奶们从小就用普尔姆来防晒，从来就没有被高原的阳光灼伤过。

现在，来札达旅游的外地人越来越多，三位老奶奶合计着是不是可以将普尔姆护肤膏推广出去，让更多的人能了解这种古老、天然的护肤品。

"城里人都讲美白水嫩，白得像公主一样好看。"奶奶们笑起来，满脸都是皱纹，牙也都掉得只剩一两颗，但是笑容却十分有感染力。

"现在来札达的游客那么多，给他们每个人都涂上普尔姆，都像公主和王子，美白漂亮了就都有好姻缘，多好啊。"三个奶奶中年龄最大的卓嘎奶奶提议，"然后每个人收5元钱，不，佛祖，我错了，不该收钱的。"接着她双手合十向佛祖谢罪。她的提议得到了其他两位奶奶的赞成，她们决定第二天就上山挖草药。

"白玛、曲珍，上山了，今天要采好多草。"一大早，卓玛就拖着她那条膝盖疼痛的腿，来找另外两位奶奶一起上山。"80多岁的我们开始创业。太阳那么大，我们快熬成膏，明天去村口给他们涂上普尔姆。"三个人兴致颇高地离开了家，坐上了一辆被她们称作"会跑的沙发"的皮卡车。三位高龄奶奶一路少女般叽叽喳喳，就像过节一样高兴。

下了车，三人开始上山去找普尔姆。"这条山路走了一辈子，石头和草都认识我们了。我们都老了，石头还没有变。"奶奶们不禁有些感慨，卓玛奶奶更是

| 绵延数十公里的札达土林犹如神工鬼斧、天工万象

| 三位老奶奶在山顶采草、回忆往昔

膝盖疼得不能弯，只能直着腿弯腰去采草，但她还是采了好多，嘴里还不停地唱着歌。"看着卓玛拉啊，想着王子啊。"很快半个山坡的普尔姆草都被采光了。

　　坐在山顶休息的时候，三位老人喝着酥油茶、吃着糌粑、畅谈过去的往事。"以前穷啊，五年才能换一次新衣服，但是心情特别好，那时候有好多高兴的事啊。每天的心情像天一样晴朗，总在不停地唱歌。给去世的人唱送别的歌，播种的时候给青稞唱歌，丰收的时候给土地唱歌。现在呢，空气不好了，还要戴口罩、防晒，人都不能笑了。"

　　另一位奶奶说："活到现在真不容易啊，这辈人就剩我们三个了。我们今年 85 了，要把好东西留给后人。草药又不需要花钱，今年采了，明年长。我们死了，草还照样长。这是多么好的美容防晒的东西，买的防晒油好几十一盒，城里人真是又时髦又浪费。"

　　另一位奶奶接着说："所以，我们三个人要团结起来，把普尔姆涂到更多人的脸上，皮肤好，人就会特别幸福。"三位老奶奶笑得像花儿一样。

　　"干杯，为美丽的自己。"

　　她们举起了手里的酥油茶杯。笑声在山顶回荡。

　　回到村里，奶奶们架起炉灶开始熬制药膏。用牛粪烧火，水开之后开始煮普尔姆，然后，反复熬煮，最后过滤。对于如何熬制普尔姆，三位老奶奶有争执、有分歧，但最终还是一起地完成了普尔姆熬制的第一步。第二天，三人把大锅换成小锅接着熬，终于熬得一小碗黑黝黝的药膏。

　　转天，公路边立起了一个巨大的广告牌，正中是奶奶开怀大笑的脸部

老奶奶把护肤膏抹在大家脸上，和大家分享自己的美容心得

特写，上面写有"高原美容秘方"几个醒目的大字。广告牌前的三位奶奶，互相给对方涂抹普尔姆，她们要用切身的经验广而告之——美丽的我们，就是用普尔姆保持容颜的。

公路上车来车往，有外地来的建筑工人，有游客，有路过的本地人，男人们将信将疑地让老奶奶们把不知名的药膏抹在脸上，但女人们都有些避之不及。终于，有一对徒步旅行的小情侣，迟疑着，走出了一段又返回来，让奶奶们把黑亮亮的药膏抹在他们的脸上，然后看着自己的样子哈哈大笑。每个人都顶着一张黑脸。奶奶的笑容更灿烂了。

| 奶奶们从小就用普尔姆来防晒，从来就没有被高原的阳光灼伤过

格拉丹东脚下迪迪一家

迪迪家的喜事

各拉丹东雪山终年漫长的寒冷、冰雪和无尽的白色，这里溶化的每一滴水，都将汇流成那条著名的河流——长江，迪迪一家就生活在这里。

"我们一家三代都住在这里，所有的福报都在这座山，这座神圣的山叫那曲安"，迪迪在冰川下煨桑、念经，一缕青烟在巨大的冰川中升起。

30年前，划分牧场时，迪迪的岳父母选择冰川脚下的这片土地，因为这里气候干燥，有一片冬季也不会结冰的牧场，对于牧民来说，意味着可以定居下来，不用因为季节的变化不断地转场，但邻居们都陆续搬离了这里。如今，当年的上门女婿迪迪已经成为了一家之主，他的大女儿已经嫁人了，二儿子在拉萨打工准备继续考大学，三儿子扎西娶了漂亮的卓玛，小两口感情特别好。四儿子在安多县上中学，小儿子则以放牧为主。

再过一个多月，这个家庭就要迎来一个新的生命——迪迪的三儿子扎西和卓玛的第一个孩子。全家人都沉浸在迎接新生命的喜悦中。扎西对卓玛更是关怀备至，时不时就会问卓玛累不累？腰痛不痛？把手放在卓玛的肚子上感受孩子的活力。

卓玛希望自己能生一个女儿，这样女儿长大了可以帮她分担一些家务，而扎西则希望有一群健康的男孩，"每一个都要读书，上大学。等他们学会了本事才能帮我们做更多的事，这样，等我们老了，就可以享他们的福了。"扎西抚摸着妻子高高隆起的肚子，憧憬着未来美好的生活。

但是扎西和卓玛不得不面对一点点小麻烦，起因是卓玛的产检结果。医生说，可以看到孩子的头、嘴唇，还有可爱的小屁股，但是孩子的脐带有点小问题。这让已经怀孕八个月的卓玛有些忐忑。全家人也为此有些不安。

于是，他们去寺庙里。殿内喇嘛们正在念经，迪迪三人站在喇嘛身后默默的听着经，许久，三人开始在殿内顺时针朝拜。之后，卓玛独自一人跪到佛像前，两旁的喇嘛一边念经一边往她身上撒青稞，为她祈福。祈福结束后，迪迪带着儿子儿媳去寺外一边诵经，一边拨动围绕寺庙的转经筒。然后又带着儿子儿媳去措那湖边，围绕着湖边白塔一圈一圈的转。请求圣湖给予他们福报，保佑孩子健康出生。

藏历大年初一那天，没有风，太阳特别的暖和，卓玛要生产了。

大家听从医生的建议，送卓玛去医院待产。而迪迪留守雪山下的家中，带着两个孙子和一个孙女去了各拉丹东雪山祈福。虽然三儿媳不在山里生产，但是迪迪还是希望神山能保佑儿媳给自己生下一个健康的孙子。

迪迪去神山煨桑，希望神山能保佑儿媳妇生下一个健康的孙子

卓玛在医院生下一名健康的女婴。一个长相酷似她的父亲扎西的漂亮女孩。他们按照藏族的传统，请来上师给孩子取名字，"这是各拉丹东赐给你们的孩子，各拉丹东是安东地区最神圣的山啊，就叫梅朵卓玛吧，她是'雪山的女儿'。"

一家人围绕在新生儿——梅朵卓玛的身边，看着襁褓里孩子纯真可爱的面容，特别开心满足。

女儿的到来，让扎西从此有了自己完整的家庭，按照传统，他也将正式从迪迪家庭中分出去开始独立生活。

各拉丹东雪山下的家庭正在延续。

| 卓玛希望自己能生一个女儿

《极地》纪录片主创团队

出 品 人	张爽　任赓　李旎
总 顾 问	胡振民　覃志刚　连辑
总 策 划	王玉祥　赵大新
总 制 片	张爽　胡小鹿　杜兴
总 监 制	王铁志　贾巨川　栗政军　马小健　王洪川　吕长河
	张雅欣　陈加伟　王福州
联合监制	张雪丽　李华　何发兵　袁云龙　洪兵　唐矛　李仕勇
配 音	杨烁
监 制	曾海若
导 演	程工

执行监制	戴娆　覃晓春　涂波　王俊　王恒壮　张圣晏　姜瑞娟
制 片 人	胡吗个　侯永哲
顾 问	莫福山　鲍栋　贺中　胡斌　武毅　祁进玉　陈虹　梅莉
第一副导演	张祎
分组导演	王兆丰　王岩
前期调研	高晓涛
制片主任	王飞
摄影指导	孙宇阳
分组摄影	杨达荣　邱凯显　王宝　刘俊超　田玉劲
延时摄影	西藏俊子　王源宗
摄影助理	朱汉森　李孝通　钟逸人
录 音 师	陈松庄　陈松涛

后期导演	苏灿书
剪辑指导	任长箴

剪　　辑	张祎　苏灿书
剪 辑 组	朱元铂　陈晨　李慧超　曲致翰　郑重　戢航　刘怡
	李君　柴俞
后期统筹	包一涵　余梅
旁　　白	任长箴　张祎　高晓涛
录音旁白	曹睿　陈乃鑫
调 色 师	钟晓波
技术支持	陈中鹏
音乐总监	孙沛
音频制作	魏志强
执行制片	杨钧奥　刘大明　聂文
制 片 组	张宇　张予　秦丽香　敖祥威　马冰冰　王飞　王超
校　　审	鄠佳
品 牌 组	全威　何康　李畅然　余雅贤　唐春莉　孙琳
出　　品	北京天成嘉华文化传媒有限公司
	北京五星传奇文化传媒股份有限公司

联合摄制／出品机构

贵阳市人民政府	哔哩哔哩
中国非物质文化遗产保护中心	啊树文化传播有限公司
北京天成嘉华文化传媒有限公司	中国华夏文化遗产基金会
贵州天彩民族文化发展有限公司	北京五星传奇文化传媒股份有限公司

鸣谢

中共西藏自治区委员会宣传部	贵阳市开阳县人民政府
中国民族文化资源库	贵阳市贵山基金管理有限公司
贵阳市民族宗教事务委员会	贵阳市旅游文化产业投资集团有限公司
贵阳市文化新闻出版广电局	四川文强户外运动有限公司
贵阳市旅游产业发展委员会	（香港）無极国际有限公司
贵阳市观山湖区人民政府	九龙藏区天乡原生态茶叶有限公司

独家网络首播平台	乐视视频	
独家弹幕首播平台	哔哩哔哩	
互联网电视独占播映	乐视超级电视	

新浪微博：@纪录片极地

微信公众号：纪录片极地

图书在版编目（CIP）数据

极地/五星传奇，赵敬编著. –– 北京：五洲传播
出版社，2017.8
ISBN 978-7-5085-3673-6

Ⅰ.①极⋯ Ⅱ.①五⋯ ②赵⋯ Ⅲ.①西藏—概况
Ⅳ.① K927.5

中国版本图书馆 CIP 数据核字 (2017) 第 122378 号

编　　著	北京五星传奇文化传媒股份有限公司
作　　者	五星传奇　赵　敬
出 版 人	荆孝敏
策划编辑	王　颖
责任编辑	梁　嫒
装帧设计	北京红方众文科技咨询有限责任公司
封面设计	张伯阳
出版发行	五洲传播出版社
地　　址	北京市海淀区北三环中路31号生产力大楼B座6层
邮　　编	100088
发行电话	010-82005927，010-82007837
网　　址	http://www.cicc.org.cn，http://www.thatsbooks.com
印　　刷	北京凯德印刷有限责任公司
版　　次	2018年1月第 1 版第1次印刷
开　　本	880mm×1230mm　1/16
印　　张	14
字　　数	300千字
定　　价	49.80元